RECHT DER GEFAHREN-ABWEHR NRW

1. Auflage

Die Studieninstitute
für kommunale Verwaltung in NRW

Die Studieninstitute
für kommunale Verwaltung in NRW

GUIDO RUPSCH

RECHT DER GEFAHREN-ABWEHR NRW

1. Auflage

Maximilian Verlag
Hamburg

Bibliografische Information der Deutschen Nationalbibliothek
Die Deutsche Nationalbibliothek verzeichnet diese Publikation in der Deutschen Nationalbibliografie; detaillierte bibliografische Daten sind im Internet über https://portal.dnb.de abrufbar.

Redaktionsstand: 31.03.2023

ISBN 978-3-7869-1450-1

Stadthausbrücke 4, 20355 Hamburg
Ein Unternehmen der TAMMMEDIA
herstellung@koehler-mittler.de

Layout: Tim Mergemeier
Produktion: Reemers Publishing Services GmbH, Krefeld
Umschlaggestaltung: Marisa Tippe

Druck und Bindung: GRASPO CZ,
a.s. Pod Šternberkem 324,
763 02 Zlín, Czech Republic

MIX
Papier | Fördert gute Waldnutzung
FSC® C010798

Printed in Europe

DER AUTOR

Guido Rupsch hat 1987 bei der Stadt Köln den Vorbereitungsdienst für den gehobenen nichttechnischen Dienst begonnen und 1990 die Staatsprüfung abgelegt. Seit 1991 unterrichtet er, zunächst am Studieninstitut der Stadt Köln, dann am Rheinischen Studieninstitut, als nebenamtlicher Dozent die Fächer Allgemeines Verwaltungsrecht, Recht der Gefahrenabwehr und Methodik der Rechtsanwendung.

Er war mehr als ein Jahrzehnt im Ordnungsbereich tätig und ist stellvertretender Leiter des Bürgeramtes Nippes.

VORWORT

Dieses Lehrbuch richtet sich in erster Linie an die Beamtenanwärterinnen und -anwärter des mittleren Dienstes, an die Auszubildenden zum Verwaltungsfachangestellten sowie die Teilnehmerinnen und Teilnehmer des Ersten Verwaltungslehrgangs. Es ist aber auch zur Vorbereitung auf das Auswahlverfahren oder zur Auffrischung bzw. Grundlagenvermittlung für den Zweiten Verwaltungslehrgang geeignet.

Der Inhalt orientiert sich an den aktuellen Lehr- und Stoffverteilungsplänen der Studieninstitute in Nordrhein-Westfalen und stellt den zu behandelnden Lehrstoff in verständlicher Form dar. Besonderer Wert wurde darauf gelegt, den abstrakten Stoff anhand vieler Beispiele anschaulich zu verdeutlichen.

Auf Fußnoten wurde weitestgehend verzichtet, weil den entsprechenden Fundstellen erfahrungsgemäß nicht nachgegangen wird. Ebenfalls wurde darauf verzichtet, Meinungsstreits und Mindermeinungen wiederzugeben. Im Interesse einer kompakten Darstellung des Stoffs wurde ausschließlich die herrschende Meinung dargestellt.

Zugunsten einer besseren Lesbarkeit wurde im Text eine einheitliche Geschlechtsform verwendet. Selbstverständlich beziehen sich die Ausführungen aber auf die Angehörigen aller Geschlechter.

Bedanken möchte ich mich bei Mariachiara Fera, Johanna Havemann und Lothar Spahlholz für fleißiges Korrekturlesen sowie wertvolle Ratschläge und Anregungen.

Über ein Feedback freue ich mich. Anregungen, Lob, Kritik oder Verbesserungsvorschläge können Sie gerne an den Verlag oder per E-Mail direkt an mich (ordnungsrecht@gmx.de) richten.

Gemeinsam mit der Arbeitsgemeinschaft der Studienleitungen in Nordrhein-Westfalen wünsche ich Ihnen viel Erfolg und ein gutes Gelingen für Ihr berufliches Weiterkommen.

Köln, im März 2023
Guido Rupsch

INHALT

LITERATUR- UND QUELLENVERZEICHNIS

Detterbeck, Steffen	Allgemeines Verwaltungsrecht 20. Auflage 2022
Dietlein/Burgi/Hellermann	Öffentliches Recht in Nordrhein-Westfalen 9. Auflage 2022
Erbguth/Mann/Schubert	Besonderes Verwaltungsrecht 13. Auflage 2019
Finke/Haurand/Sundermann/Vahle	Allgemeines Verwaltungsrecht 10. Auflage 2006
Fischer/Hildebrandt	Polizei- und Ordnungsrecht 8. Auflage 2018
Frings/Spahlholz	Das Recht der Gefahrenabwehr in Nordrhein-Westfalen 3. Auflage 2011
Götz/Geis	Allgemeines Polizei- und Ordnungsrecht 17. Auflage 2022
Haslbeck, Günter	Öffentliche Sicherheit und Ordnung 2021
Haurand, Günter	Allgemeines Polizei- und Ordnungsrecht Nordrhein-Westfalen 8. Auflage 2019
Hofmann/Gerke/Hildebrandt	Allgemeines Verwaltungsrecht 12. Auflage 2012
Klingler/Schattke/Fischer	Allgemeines Verwaltungsrecht 4. Auflage 2018
Knemeyer, Franz-Ludwig	Polizei- und Ordnungsrecht 11. Auflage 2007
Lehmann, Peter	Allgemeines Verwaltungsrecht 2014
Möller/Warg	Allgemeines Polizei- und Ordnungsrecht 6. Auflage 2012
Pieper, Hans-Gerd	Polizei- und Ordnungsrecht Nordrhein-Westfalen 1. Auflage 2017
Schmidt, Manuela	Verwaltungsrecht BT 1 – Polizei- und Ordnungsrecht – 15. Auflage 2022

Schroeder, Daniela	Polizei- und Ordnungsrecht Nordrhein-Westfalen 4. Auflage 2019
Vahle, Jürgen	Vollstreckung und Rechtsschutz im Verwaltungsrecht 2. Auflage 1988
Wind, Ferdinand	Polizei- und Ordnungsrecht 1. Auflage 1984
Wolffgang/Hendricks/Merz	Polizei- und Ordnungsrecht in Nordrhein-Westfalen 3. Auflage 2011

ABKÜRZUNGSVERZEICHNIS

1. SprengV	Erste Verordnung zum Sprengstoffgesetz
Abs.	Absatz
Art.	Artikel
AufenthG	Gesetz über den Aufenthalt, die Erwerbstätigkeit und die Integration von Ausländern im Bundesgebiet (Aufenthaltsgesetz)
BauO	Bauordnung für das Land Nordrhein-Westfalen
BefBezG	Gesetz über befriedete Bezirke für Verfassungsorgane des Bundes
BGB	Bürgerliches Gesetzbuch
Buchst.	Buchstabe
bzw.	beziehungsweise
d. h.	das heißt
f., ff.	folgende, fortfolgende
FluglatV	Ordnungsbehördliche Verordnung zur Verhütung von Gefahren durch unbemannte Fluglaternen
GastG	Gaststättengesetz
GebG	Gebührengesetz für das Land Nordrhein-Westfalen
GewO	Gewerbeordnung
GewRV	Verordnung zur Übertragung von Ermächtigungen, zur Regelung von Zuständigkeiten und Festlegungen auf dem Gebiet des Gewerberechts (Gewerberechtsverordnung)
GG	Grundgesetz für die Bundesrepublik Deutschland
ggf.	gegebenenfalls
GO	Gemeindeordnung für das Land Nordrhein-Westfalen
HS	Halbsatz
IfSG	Gesetz zur Verhütung und Bekämpfung von Infektionskrankheiten beim Menschen (Infektionsschutzgesetz)
i. V. m.	in Verbindung mit
JustG	Gesetz über die Justiz im Land Nordrhein-Westfalen (Justizgesetz Nordrhein-Westfalen)
KrO	Kreisordnung für das Land Nordrhein-Westfalen
LHundG	Hundegesetz für das Land Nordrhein-Westfalen (Landeshundegesetz)
LImSchG	Gesetz zum Schutz vor Luftverunreinigungen, Geräuschen und ähnlichen Umwelteinwirkungen (Landes-Immissionsschutzgesetz)
LKrWG	Kreislaufwirtschaftsgesetz für das Land Nordrhein-Westfalen (Landeskreislaufwirtschaftsgesetz)

LÖG	Gesetz zur Regelung der Ladenöffnungszeiten (Ladenöffnungsgesetz)
LZG	Verwaltungszustellungsgesetz für das Land Nordrhein-Westfalen (Landeszustellungsgesetz)
NachbG	Nachbarrechtsgesetz für das Land Nordrhein-Westfalen
NiSchG	Gesetz zum Schutz von Nichtraucherinnen und Nichtrauchern in Nordrhein-Westfalen (Nichtraucherschutzgesetz)
NRW	Nordrhein-Westfalen
OBG	Gesetz über den Aufbau und die Befugnisse der Ordnungsbehörden (Ordnungsbehördengesetz)
OLG	Oberlandesgericht
OVG	Oberverwaltungsgericht
OwiG	Gesetz über Ordnungswidrigkeiten
PassG	Passgesetz
PolG	Polizeigesetzes des Landes Nordrhein-Westfalen
Rdnr.	Randnummer
SchulG	Schulgesetz für das Land Nordrhein-Westfalen
sog.	sogenannt
StGB	Strafgesetzbuch
StrWG	Straßen- und Wegegesetz des Landes Nordrhein-Westfalen
StVG	Straßenverkehrsgesetz
StVO	Straßenverkehrs-Ordnung
TA Lärm	Sechste Allgemeine Verwaltungsvorschrift zum Bundes-Immissionsschutzgesetz (Technische Anleitung zum Schutz gegen Lärm)
u. a.	unter anderem
VA	Verwaltungsakt
vgl.	vergleiche
VO VwVG	Ausführungsverordnung zum Verwaltungsvollstreckungsgesetz für das Land Nordrhein-Westfalen
VV OBG	Verwaltungsvorschrift zur Durchführung des Ordnungsbehördengesetzes
VwGO	Verwaltungsgerichtsordnung
VwVfG	Verwaltungsverfahrensgesetz für das Land Nordrhein-Westfalen
VwVG	Verwaltungsvollstreckungsgesetz für das Land Nordrhein-Westfalen
LWG	Wassergesetz für das Land Nordrhein-Westfalen (Landeswassergesetz)
WHG	Gesetz zur Ordnung des Wasserhaushalts (Wasserhaushaltsgesetz)
z. B.	zum Beispiel
ZPO	Zivilprozessordnung

1 EINLEITUNG, BEGRIFF DER GEFAHRENABWEHR

Unter **Gefahrenabwehr** versteht man die Abwehr von Gefahren für die öffentliche Sicherheit oder Ordnung durch die Ordnungsbehörden oder die Polizei. Das Recht der Gefahrenabwehr wird auch Polizei- und Ordnungsrecht genannt. Von Bedeutung ist diese rein begriffliche Unterscheidung jedoch nicht.

Sowohl die Ordnungsbehörden als auch die Polizei werden – teilweise sogar mit denselben Mitarbeitern – ebenfalls im Rahmen des Ordnungswidrigkeitenrechts tätig. Dieses wird daher fälschlicherweise gerne als Teil des Rechts der Gefahrenabwehr angesehen, muss aber streng von diesem getrennt werden.

Im Recht der Gefahrenabwehr agieren die Ordnungsbehörden und die Polizei in die Zukunft gerichtet. Intention ihres Handelns ist es, Schäden für die öffentliche Sicherheit oder Ordnung zu verhindern. Sie werden somit **präventiv**, also vorbeugend, tätig. Davon zu unterscheiden sind die **repressiven** Tätigkeiten der Ordnungsbehörden und der Polizei im Rahmen des Ordnungswidrigkeitenrechts. Hierdurch wird keine Gefahr abgewehrt, sondern ein in der Vergangenheit begangenes rechtswidriges Verhalten wird durch die Verhängung eines Bußgeldes geahndet.

Beispiel:
Konstantin Kahl wird von Mitarbeitern des Ordnungsamtes dabei beobachtet, wie er nackt durch den Kölner Volksgarten joggt. Als sie ihn ansprechen, reagiert er uneinsichtig und erklärt, dass Nacktjoggen durch ungehindertes Schwitzen zu einem besseren Temperaturausgleich des Körpers beitrage und Nacktheit bei körperlicher Aktivität zu einem angenehmeren Körpergefühl führe.
Die Mitarbeiter des Ordnungsamtes haben nun zunächst die Möglichkeit, präventiv gegen Konstantin Kahl vorzugehen. Um zu verhindern, dass er auch in Zukunft nackt joggt, können sie Gefahrenabwehrmaßnahmen ergreifen und ihm auf Grundlage von § 14 Abs. 1 OBG aufgeben, dass er sich nicht mehr nackt auf öffentlichen Flächen des Kölner Stadtgebiets aufhalten darf.
Das Nacktjoggen stellt aber auch eine Ordnungswidrigkeit nach § 118 Abs. 1 OWiG dar. Die Mitarbeiter des Ordnungsamtes können daher auch das falsche Verhalten in der Vergangenheit, nämlich das bereits erfolgte Nacktjoggen, ahnden und eine Geldbuße gegen Konstantin Kahl festsetzen. Sie gehen dann repressiv gegen ihn vor.

Für eine spätere Tätigkeit im mittleren nichttechnischen Verwaltungsdienst hat das Ordnungsrecht eine deutlich größere praktische Relevanz als das Polizeirecht. Deswegen liegt der Schwerpunkt in diesem Lehrbuch auf dem Ordnungsrecht.

1.1 DIE STELLUNG DES RECHTS DER GEFAHRENABWEHR IM DEUTSCHEN RECHTSSYSTEM

Das deutsche Rechtssystem unterscheidet zwischen Öffentlichem Recht, Strafrecht und Privatrecht.

Das **Öffentliche Recht** unterteilt sich in Völkerrecht, Staats- und Verfassungsrecht, Verwaltungsrecht sowie weitere Rechtsgebiete.

Innerhalb des Verwaltungsrechts wird weiter unterschieden in Allgemeines und Besonderes Verwaltungsrecht. Das Recht der Gefahrenabwehr bzw. das Ordnungsrecht ist Teil des Besonderen Verwaltungsrechts und baut auf dem Allgemeinen Verwaltungsrecht auf (siehe Schaubild auf Seite 20).

Auch innerhalb des Ordnungsrechts wird in Allgemeines und Besonderes Ordnungsrecht unterschieden. Sofern im Besonderen Ordnungsrecht (z. B. Umweltrecht, Lebensmittelrecht, Melderecht) keine spezialgesetzlichen Regelungen enthalten sind, gelten dort die Vorschriften des Allgemeinen Ordnungsrechts. Das Besondere Ordnungsrecht baut daher auf dem Allgemeinen Ordnungsrecht auf.

1.2 DIE RECHTSGRUNDLAGEN FÜR DIE TÄTIGKEIT DER ORDNUNGSBEHÖRDEN

Soweit das Grundgesetz keine andere Regelung trifft, ist nach Art. 30 GG die Ausübung der staatlichen Befugnisse und die Erfüllung der staatlichen Aufgaben Sache der Länder. Ebenfalls bestimmt Art. 70 Abs. 1 GG, dass die Länder das Recht der Gesetzgebung haben, soweit durch das Grundgesetz dem Bund keine Gesetzgebungsbefugnisse verliehen werden.

In vielen Bereichen des Besonderen Ordnungsrechts liegen die Gesetzgebungskompetenzen beim Bund, weil diese Bereiche Gegenstand der ausschließlichen oder der konkurrierenden Gesetzgebung sind.

Ausschließliche Gesetzgebungskompetenz bedeutet, dass alleine der Bund berechtigt ist, gesetzliche Regelungen zu erlassen. Dies gilt beispielsweise für den Bereich des Pass-, Melde- und Ausweiswesens (Art. 73 Abs. 1 Nr. 3 GG) und den Grenzschutz (Art. 73 Abs. 1 Nr. 5 GG).

Im Rahmen der **konkurrierenden Gesetzgebung** können die Länder nur dann gesetzliche Regelungen treffen, wenn der Bund von seinem Gesetzgebungsrecht keinen Gebrauch macht. Allerdings hat der Bund auch hier in weiten Teilen Regelungen getroffen, beispielsweise im Bereich des Aufenthalts- und Niederlassungsrechts der Ausländer (Art. 74 Abs. 1 Nr. 4 GG) und im Bereich des Lebensmittelrechts (Art. 74 Abs. 1 Nr. 20 GG).

Der Bereich des Rechts der Gefahrenabwehr gehört weder in den Bereich der ausschließlichen Gesetzgebungskompetenz des Bundes noch zur konkurrierenden Gesetzgebung und fällt daher in die **Gesetzgebungskompetenz der Länder**.

Die Vorschriften des Rechts der Gefahrenabwehr sind in Nordrhein-Westfalen nicht in einem einzelnen Gesetzeswerk zusammengefasst worden, sondern der Gesetzgeber hat die Regelungen auf viele Gesetze verteilt.

Das für die ordnungsbehördliche Tätigkeit wichtigste Gesetz ist das Gesetz über den Aufbau und die Befugnisse der Ordnungsbehörden (Ordnungsbehördengesetz – OBG). Das Polizeigesetz für das Land Nordrhein-Westfalen (PolG) gilt nicht nur für die Tätigkeit der Polizei, sondern enthält durch die Regelung des § 24 Abs. 1 OBG auch Ermächtigungsgrundlagen für die Ordnungsbehörden.

Wenn die Ordnungsbehörden Vollstreckungsmaßnahmen ergreifen, müssen die Vorschriften des Verwaltungsvollstreckungsgesetzes für das Land Nordrhein-Westfalen (VwVG) beachten werden. Für evtl. Kostenansprüche gelten das Gebührengesetz für das Land Nordrhein-Westfalen (GebG) und die Ausführungsverordnung zum Verwaltungsvollstreckungsgesetz des Landes Nordrhein-Westfalen (VO VwVG).

Von Bedeutung sind darüber hinaus auch die Regelungen des Allgemeinen Verwaltungsrechts, sodass im Rahmen der ordnungsbehördlichen Tätigkeit das Verwaltungsverfahrensgesetz für das Land Nordrhein-Westfalen (VwVfG) beachtet werden muss.

Neben diesen Rechtsvorschriften müssen im Recht der Gefahrenabwehr aber auch eine große Anzahl von Spezialgesetzen beachtet werden. Das können zum einen Landesgesetze sein, wie z. B. das Landesimmissionsschutzgesetz für das Land Nordrhein-Westfalen (LImSchG). Aber auch Bundesgesetze, wie z. B. das Gaststättengesetz (GastG) oder die Gewerbeordnung (GewO), spielen hier eine Rolle.

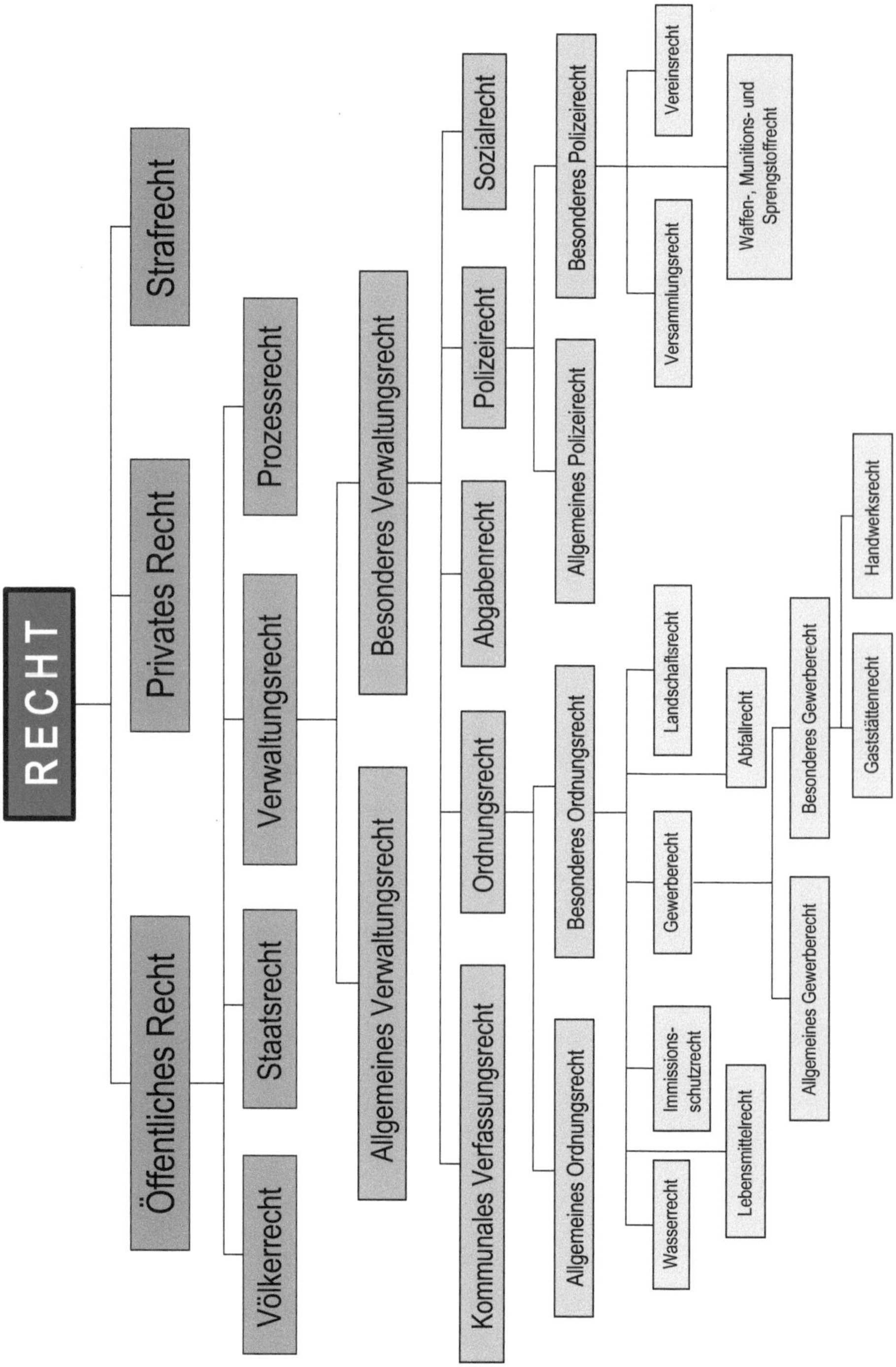

Darstellung aus Frings/Spahlholz, Rdnr. 026

2 DER AUFBAU DER ORDNUNGSBEHÖRDEN

Wie bereits dargelegt, erfolgt die Abwehr von Gefahren für die öffentliche Sicherheit oder Ordnung u. a. durch die Ordnungsbehörden. In Nordrhein-Westfalen wird zwischen Sonderordnungsbehörden und Allgemeinen Ordnungsbehörden unterschieden.

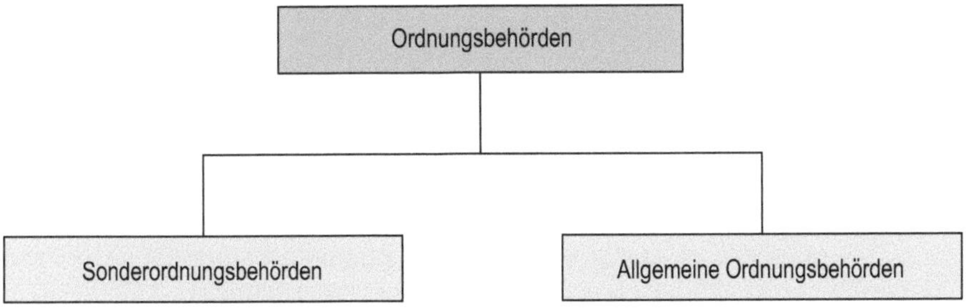

Sonderordnungsbehörden sind nach § 12 OBG Behörden, denen durch Gesetz oder Verordnung auf bestimmten Sachgebieten Aufgaben der Gefahrenabwehr oder in ihrer Eigenschaft als Sonderordnungsbehörde andere Aufgaben übertragen worden sind.

Die **Allgemeinen Ordnungsbehörden** sind im Gegensatz zu den Sonderordnungsbehörden nicht für ein spezielles, eng umrissenes Gebiet der Gefahrenabwehr, sondern für alle denkbaren Gefahrensituationen zuständig. Sie handeln dann, wenn keine Zuständigkeit einer Sonderordnungsbehörde besteht.

Der Grund dafür, dass es neben den Allgemeinen Ordnungsbehörden auch Sonderordnungsbehörden gibt, liegt darin, dass es für die Abwehr mancher Gefahren spezieller Kenntnisse und Fertigkeiten bedarf. In der Regel sind die Sonderordnungsbehörden für ihr spezielles Aufgabengebiet personell und sachlich besser ausgestattet als die Allgemeinen Ordnungsbehörden.

2.1 DER AUFBAU DER SONDERORDNUNGSBEHÖRDEN

Sonderordnungsbehörden können Teil der Kommunalverwaltung oder eigens für diesen Zweck errichtet worden sein. Sonderordnungsbehörden, die Teil der Kommunalverwaltung sind, nennt man **unselbstständige Sonderordnungsbehörden**. Wurden sie eigens für diesen Zweck errichtet, spricht man von **selbstständigen Sonderordnungsbehörden**.

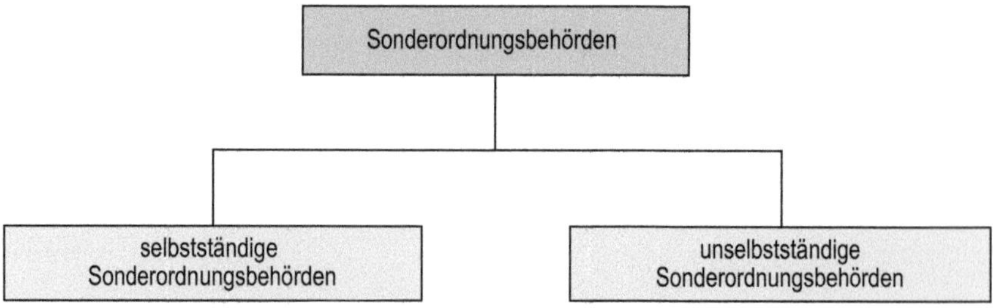

Teil der Kommunalverwaltung und damit unselbstständige Sonderordnungsbehörden sind beispielsweise die Abfallwirtschaftsbehörden, die Bauaufsichtsbehörden oder die Denkmalbehörden. Eigens zu diesem Zweck errichtet wurden zum Beispiel der Landesbetrieb Mess- und Eichwesen NRW sowie der Landesbetrieb Wald und Holz NRW. Sie sind daher selbstständige Sonderordnungsbehörden.

Der Aufbau der Sonderordnungsbehörden ergibt sich nicht aus dem OBG, sondern immer aus dem jeweiligen Spezialgesetz. So ergibt sich beispielsweise für die Abfallwirtschaftsbehörden nach § 17 Abs. 1 LKrWG der dreistufige Aufbau oberste Abfallwirtschaftsbehörde, obere Abfallwirtschaftsbehörde und untere Abfallwirtschaftsbehörde. Oberste Abfallwirtschaftsbehörde ist das für Umweltschutz zuständige Ministerium, obere Abfallwirtschaftsbehörde ist die Bezirksregierung und untere Abfallwirtschaftsbehörde sind die Kreise und kreisfreien Städte.

Mit der Zuordnung der Kreise und kreisfreien Städte ist der Gesetzgeber ungenau. Bei den Kreisen und kreisfreien Städten handelt es sich nämlich nicht um Behörden, sondern um Gebietskörperschaften. Diese handeln durch die Landräte (vgl. § 42 Buchst. e KrO) bzw. durch die Oberbürgermeister (vgl. § 63 Abs. 1 Satz 1 GO).

Folgendes Schaubild verdeutlicht den Aufbau:

Oberste Abfallwirtschaftsbehörde	Ministerium für Umwelt, Naturschutz und Verkehr NRW
Obere Abfallwirtschaftsbehörde	Bezirksregierung
Untere Abfallwirtschaftsbehörde	Landräte und Oberbürgermeister

Dass die Abfallwirtschaftsbehörden Sonderordnungsbehörden sind, ist in § 18 Abs. 2 LKrWG festgelegt. Danach wird die zuständige Behörde als Sonderordnungsbehörde tätig.

2.2 DER AUFBAU DER ALLGEMEINEN ORDNUNGSBEHÖRDEN

Der Aufbau der Allgemeinen Ordnungsbehörden ergibt sich aus § 3 OBG. Er ist ebenfalls dreistufig, unterscheidet sich aber vom Aufbau der Sonderordnungsbehörden.

Die unterste Stufe sind nach § 3 Abs. 1 OBG die örtlichen Ordnungsbehörden. Die Aufgaben der örtlichen Ordnungsbehörde werden von den Gemeinden wahrgenommen. Die zweite Stufe sind die Kreisordnungsbehörden, deren Aufgaben von den Kreisen und kreisfreien Städten wahrgenommen werden. Die dritte und letzte Stufe bilden nach § 3 Abs. 2 OBG die Bezirksregierungen als Landesordnungsbehörde.

Auch hier war der Gesetzgeber ungenau in der Formulierung und hat die Aufgaben der Kreisordnungsbehörde und der örtlichen Ordnungsbehörde nicht den Behörden, sondern den Gebietskörperschaften zugewiesen.

<table>
<tr><td>Landesordnungsbehörde</td><td colspan="2">Bezirksregierungen
(§ 3 Abs. 2 OBG)</td></tr>
<tr><td>Kreisordnungsbehörde</td><td>Landräte
(§ 3 Abs. 1 OBG)</td><td rowspan="2">in kreisfreien Städten:
Oberbürgermeister
(§ 3 Abs. 1 OBG)</td></tr>
<tr><td>Örtliche Ordnungsbehörde</td><td>in kreisangehörigen Städten und Gemeinden:
Bürgermeister
(§ 3 Abs. 1 OBG)</td></tr>
</table>

Der Begriff der örtlichen Ordnungsbehörde ist streng von der örtlich zuständigen Ordnungsbehörde zu trennen. Bei der örtlichen Ordnungsbehörde handelt es sich lediglich um die Bezeichnung der unteren Behördenstufe.

3 DIE ZUSTÄNDIGKEIT

Aus dem Allgemeinen Verwaltungsrecht ist bekannt, dass es drei Arten der Zuständigkeit gibt, nämlich die sachliche Zuständigkeit, die instanzielle Zuständigkeit sowie die örtliche Zuständigkeit.

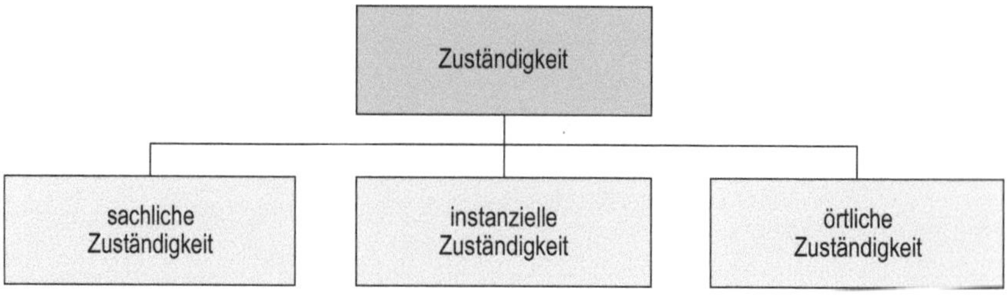

3.1 DIE SACHLICHE ZUSTÄNDIGKEIT

Die **sachliche Zuständigkeit** legt fest, welches Aufgabengebiet der öffentlichen Verwaltung von welchem Behördenzweig wahrgenommen wird.

Für die Sonderordnungsbehörden wird die sachliche Zuständigkeit immer durch ein Spezialgesetz festgelegt. So bestimmt beispielsweise § 58 Abs. 2 Satz 1 BauO, dass die Bauaufsichtsbehörden bei der Errichtung, Änderung, Nutzungsänderung und Beseitigung sowie bei der Nutzung und Instandhaltung von Anlagen darüber zu wachen haben, dass die öffentlich-rechtlichen Vorschriften und die aufgrund dieser Vorschriften erlassenen Anordnungen eingehalten werden.

Auch die sachliche Zuständigkeit für die Allgemeinen Ordnungsbehörden kann sich aus einem Spezialgesetz ergeben. So regelt § 13 LHundG, dass zuständige Behörde die örtliche Ordnungsbehörde ist, in deren Bezirk der Hund gehalten wird.

Existiert kein Spezialgesetz, dann ergibt sich die sachliche Zuständigkeit der Allgemeinen Ordnungsbehörden aus § 1 Abs. 1 OBG. Danach haben die Ordnungsbehörden die Aufgabe, Gefahren für die öffentliche Sicherheit oder Ordnung abzuwehren.

Zu beachten ist hierbei, dass es sich um die <u>öffentliche</u> Sicherheit bzw. die <u>öffentliche</u> Ordnung handeln muss. Der Schutz der privaten Sicherheit bzw. der privaten Rechte obliegt im Regelfall nicht den Ordnungsbehörden, sondern den Zivilgerichten.

Beispiel:
Willi Wiese gestaltet seinen Garten um. Dabei pflanzt er u. a. drei neue Pappeln in 1 m Abstand von der Grenze zum Nachbargrundstück. Sein Nachbar Kurt Knurrig ist hierüber nicht erfreut, weil er befürchtet, dass zukünftig jeden Herbst große Mengen Laub auf sein Grundstück fallen. Er möchte deshalb, dass der nach § 41 Abs. 1 Nr. 1 Buchst. a) NachbG vorgeschriebene Mindestabstand von 4 m eingehalten wird.
Die Ordnungsbehörden sind für diese privatrechtliche Streitigkeit nicht zuständig. Sollte Willi Wiese auf die Forderung des Nachbarn nicht eingehen, muss dieser den Privatrechtsweg beschreiten und Willi Wiese entsprechend verklagen.

Nur ausnahmsweise sind die Ordnungsbehörden auch für den Schutz privater Rechte zuständig. Dieses ist nach Punkt 1.11 VV OBG dann der Fall, wenn das zu schützende Recht hinreichend glaubhaft gemacht ist, gerichtlicher Schutz nicht rechtzeitig zu erlangen ist und die Gefahr besteht, dass ohne ordnungsbehördliche Hilfe die Durchsetzung des Rechts nicht möglich ist oder wesentlich erschwert wird. Man spricht in diesen Fällen auch von der subsidiären, d. h. nachrangigen Zuständigkeit der Ordnungsbehörde zum Schutz privater Rechte.

Möglich sind in diesem Fall der subsidiären Zuständigkeit aber nur vorläufige Maßnahmen.

Beispiel:
Stefan Schlemmer hat in seiner Mittagspause im Restaurant „Zum schmierigen Löffel" zu Mittag gegessen. Dieses hat ihm nicht geschmeckt, auch war die Portion für sein Empfinden viel zu klein. Er möchte daher nur den halben Preis zahlen. Hierüber kommt es zum Streit mit Konrad Koch, dem Inhaber des Lokals, der auf die Forderung nicht eingeht. Stefan Schlemmer legt nach einer längeren Diskussion die Hälfte des eigentlich zu zahlenden Preises auf den Tisch und macht Anstalten, das Lokal zu verlassen. Konrad Koch ruft daraufhin zwei uniformierte Außendienstmitarbeiter des Ordnungsamtes, die zufällig just in diesem Zeitpunkt an dem Lokal vorbeigehen, zur Hilfe und schildert ihnen den Sachverhalt.
Es geht hier ausschließlich um den Schutz privater Rechte. Allerdings könnte Konrad Koch diese nicht mehr geltend machen, wenn Stefan Schlemmer das Lokal verlassen hat, da er weder seinen Namen noch seine Adresse kennt. Das zu schützende Recht ist daher hinreichend glaubhaft gemacht. Auch ist gerichtlicher Schutz nicht rechtzeitig zu erlangen und ohne ordnungsbehördliche Hilfe ist die Durchsetzung seines Rechts auf den vollen Kaufpreis nicht möglich. Daher dürfen die beiden Mitarbeiter des Ordnungsamtes die Personalien von Stefan Schlemmer feststellen und an Konrad Koch weitergeben. Damit kann dieser gerichtliche Schritte einleiten.
Was die beiden Mitarbeiter des Ordnungsamtes nicht dürfen, ist Stefan Schlemmer zur Zahlung des vollen Kaufpreises auffordern oder gar Geld aus der Geldbörse des Stefan Schlemmer an Konrad Koch geben. Dieses wären keine vorläufigen Maßnahmen mehr.

Die sachliche Zuständigkeit ist immer gegeben, wenn die Ordnungsbehörde mit der Intention der Gefahrenabwehr tätig wird. Ob tatsächlich eine Gefahr für die öffentliche Sicherheit oder Ordnung vorliegt, ist eine Frage der materiellen Rechtmäßigkeit und wird in der Klausur im Rahmen der Ermächtigungsgrundlage geprüft.

3.2 DIE INSTANZIELLE ZUSTÄNDIGKEIT

Wie bereits dargelegt, sind die Ordnungsbehörden mehrstufig aufgebaut (siehe Kapitel 2). Daher muss neben der sachlichen Zuständigkeit ebenfalls geklärt werden, von welcher Behördenebene die Aufgabe wahrgenommen wird. Man spricht hier von der **instanziellen Zuständigkeit**.

Ebenso wie bei der sachlichen Zuständigkeit muss auch hier unterschieden werden, ob eine Sonderordnungsbehörde oder eine Allgemeine Ordnungsbehörde handelt.

Für eine Sonderordnungsbehörde ergibt sich die instanzielle Zuständigkeit wiederum immer aus einem Spezialgesetz. So wird durch § 57 Abs. 1 Satz 2 BauO die instanzielle Zuständigkeit der unteren Bauaufsichtsbehörde festgelegt.

Handelt eine Allgemeine Ordnungsbehörde, kann sich die instanzielle Zuständigkeit zunächst aus einem Spezialgesetz ergeben. § 48 Abs. 2 Satz 2 OBG regelt beispielsweise die instanzielle Zuständigkeit der Kreisordnungsbehörden und der Großen kreisangehörigen Gemeinden für die Überwachung der Einhaltung zulässiger Höchstgeschwindigkeiten und der Befolgung von Lichtzeichenanlagen im Straßenverkehr an Gefahrenstellen. Hierbei handelt es sich um die sog. stationären Geschwindigkeitsmessanlagen, im Volksmund „Blitzer" oder „Starenkasten" genannt.

Sofern keine spezialgesetzliche Regelung existiert, ergibt sich die instanzielle Zuständigkeit für die Allgemeinen Ordnungsbehörden aus § 5 Abs. 1 Satz 1 OBG. Danach sind die örtlichen Ordnungsbehörden für die Aufgaben der Gefahrenabwehr zuständig. Dieses sind – wie bereits in Kapitel 2.2 dargestellt – nach § 3 Abs. 1 OBG die Gemeinden, also die Bürgermeister und Oberbürgermeister.

Verwirrend ist, dass § 5 OBG mit „sachliche Zuständigkeit" überschrieben ist. Es handelt sich hierbei um einen Fehler des Gesetzgebers. Die Aufgabenzuweisung zum Behördenzweig der Ordnungsbehörden erfolgt, wie bereits oben dargelegt, durch § 1 Abs. 1 OBG, der damit bereits die sachliche Zuständigkeit regelt. Durch § 5 Abs. 1 Satz 1 OBG wird nicht eine Aufgabe einem Behördenzweig zugewiesen, sondern es erfolgt die Bestimmung der zuständigen Ebene im Behördenaufbau.

3.3 DIE ÖRTLICHE ZUSTÄNDIGKEIT

Die **örtliche Zuständigkeit** grenzt den räumlichen Wirkungsbereich mehrerer gleichermaßen sachlich und instanziell zuständiger Behörden voneinander ab.

Für die Sonderordnungsbehörden kann sie sich aus einem Spezialgesetz ergeben. So ist für die Passbehörden in § 19 Abs. 3 Satz 1 PassG festgelegt, dass die Passbehörde örtlich zuständig ist, in deren Bezirk der Passbewerber oder der Inhaber eines Passes für seine Wohnung gemeldet ist.

Fehlen für die Sonderordnungsbehörden Regelungen über die örtliche Zuständigkeit, dann ergibt sich diese wie für die Allgemeinen Ordnungsbehörden auch aus § 4 Abs. 1 OBG. Danach ist die Ordnungsbehörde zuständig, in deren Bezirk die zu schützenden Interessen verletzt oder gefährdet sind.

Beispiel:
Günther Gummi, wohnhaft in Bergisch Gladbach-Moitzfeld, hat sich in seiner Garage von einem Freund neue Autoreifen montieren lassen. Als er die alten Reifen beim Wertstoffhof abgeben will, stellt er verärgert fest, dass die Altreifenentsorgung dort kostenpflichtig ist. Um sich dieses Geld zu sparen, fährt er spätabends nach Overath und legt die Reifen im Schutze der Dunkelheit auf dem dortigen Bahnhofsplatz hinter einer Sitzbank ab.
Zuständig ist hier nicht der Bürgermeister der Stadt Bergisch Gladbach, sondern der Bürgermeister der Stadt Overath.

Eine Ausnahme hierzu regelt § 4 Abs. 2 OBG. Wenn es zweckmäßig ist, ordnungsbehördliche Aufgaben in benachbarten Bezirken einheitlich zu erfüllen, so kann die den beiden Ordnungsbehörden gemeinsame Aufsichtsbehörde nach dieser Regelung eine dieser Ordnungsbehörden für zuständig erklären.

Beispiel:
Matthias Maurer hat ein großes Grundstück gekauft. Dieses liegt zu drei Viertel in Wesseling und zu einem Viertel in Brühl (beide Rhein-Erft-Kreis). Er beabsichtigt, entlang des gesamten Grundstücks ein dreigeschossiges Mehrfamilien-Reihenhaus zu errichten.
Es ist zweckmäßig, dass die Baugenehmigung nur von einer Behörde erteilt wird. Die gemeinsame Aufsichtsbehörde ist der Landrat des Rhein-Erft-Kreises (vgl. § 7 Abs. 1 OBG). Er kann daher den Bürgermeister von Wesseling als allein zuständig für die Bauerlaubnis erklären.

3.4 DIE FUNKTIONELLE ZUSTÄNDIGKEIT

Die **funktionelle Zuständigkeit** regelt die Aufgabenverteilung innerhalb der sachlich, instanziell und örtlich zuständigen Behörde. Sie ergibt sich aus dem Aufgabengliederungsplan der jeweiligen Behörde.

Nach außen hin ist die funktionelle Zuständigkeit bedeutungslos. Wenn eine Entscheidung ansonsten fehlerfrei ist, hat der Verstoß gegen die funktionelle Zuständigkeit keine rechtlichen Folgen. Das liegt daran, dass unabhängig davon, welcher Mitarbeiter oder welches Amt eine Aufgabe wahrnimmt, nach außen hin immer die zuständige Behörde gehandelt hat.

Beispiel:
Bernd Baum ist Mitarbeiter beim Grünflächenamt der Stadt Köln. An einem sonnigen Vormittag ist er auf dem Weg zu einer Dienstbesprechung. Sein Weg führt ihn über die Schildergasse, eine große Einkaufsstraße und Fußgängerzone. Es ist 10:35 Uhr und er bemerkt eine Musikgruppe, die südamerikanische Folklore spielt. Nach Beendigung des aktuellen Stückes schreitet Bernd Baum ein und unterbindet die weitere Aufführung, weil – was zutreffend ist – nach der Kölner Straßenordnung Straßenmusik nur in den ersten 30 Minuten einer vollen Stunde dargeboten werden darf.
Bernd Baum ist vorliegend mit der Intention der Gefahrenabwehr tätig geworden. Hierfür ist, wie in den Kapiteln 3.1 bis 3.3 bereits dargelegt, die Oberbürgermeisterin der Stadt Köln als örtliche Ordnungsbehörde zuständig. Nach dem Aufgabengliederungsplan wird die Aufgabe innerhalb der Stadtverwaltung Köln vom Amt für öffentliche Ordnung wahrgenommen. Dass hier das Grünflächenamt anstelle des Amtes für öffentliche Ordnung tätig geworden ist, führt aber nicht zur Rechtswidrigkeit der Maßnahme. Wenn das Grünflächenamt handelt, ist gegenüber dem Bürger genauso die Oberbürgermeisterin der Stadt Köln tätig geworden, als wenn das Amt für öffentliche Ordnung eingeschritten wäre.

Die funktionelle Zuständigkeit muss in der Klausur nicht geprüft werden.

3.5 DIE AUSSERORDENTLICHE ZUSTÄNDIGKEIT

Nicht immer kann die eigentlich sachlich, instanziell und örtlich zuständige Ordnungsbehörde rechtzeitig handeln. In solchen Fällen greift § 6 Abs. 1 OBG, der bestimmt, dass bei Gefahr im Verzug jede Ordnungsbehörde in ihrem Bezirk die Befugnisse einer anderen Ordnungsbehörde ausüben kann. Man spricht dann von der **außerordentlichen Zuständigkeit.**

Es müssen also folgende drei Voraussetzungen erfüllt sein:

1. Es muss Gefahr im Verzug vorliegen.
2. Es muss eine Ordnungsbehörde handeln. Es darf hier sowohl eine ranghöhere Ordnungsbehörde für eine rangniedrigere tätig werden (z. B. die Landesordnungsbehörde für die örtliche Ordnungsbehörde) als auch eine rangniedrige Ordnungsbehörde für eine ranghöhere (z. B. die örtliche Ordnungsbehörde für die Kreisordnungsbehörde). Ebenfalls darf eine Sonderordnungsbehörde für eine Allgemeine Ordnungsbehörde handeln und umgekehrt.
3. Die Ordnungsbehörde muss in ihrem Bezirk die Befugnisse einer anderen Behörde ausüben. Das bedeutet, sie muss zumindest örtlich zuständig sein.

Beispiel:
An einem stürmischen Freitag im Oktober hat ein heftiger Herbststurm gegen 14 Uhr das Dach eines direkt an der Straße liegenden Mehrfamilienhauses in der Gemeinde Dahlem (Kreis Euskirchen) beschädigt. Es sind Dachziegel auf den Bürgersteig gefallen, die noch auf dem Dach befindlichen drohen ebenfalls noch herunterzustürzen. Die Stadtverwaltung Dahlem ist wegen eines Betriebsausflugs seit 12 Uhr geschlossen.
Für den eigentlich zuständigen Bürgermeister der Gemeinde Dahlem darf nun der Landrat des Kreises Euskirchen handeln. Auch handeln darf die Bezirksregierung Köln, denn der Kreis Euskirchen gehört zum Regierungsbezirk Köln.
Schließlich dürfen auch Sonderordnungsbehörden tätig werden, so zum Beispiel vom Landesbetrieb Eich- und Messwesen die für den Kreis Euskirchen zuständige Betriebsstelle Eichamt Aachen. In der Praxis dürfte diese Fallkonstellation jedoch nie eintreten.
Nicht handeln dürfte der Bürgermeister der Gemeinde Hellenthal als örtliche Ordnungsbehörde. Zwar gehört Hellenthal ebenso wie die Gemeinde Dahlem zum Kreis Euskirchen und Hellenthal grenzt auch unmittelbar an Dahlem an. Aber der Bürgermeister der Gemeinde Hellenthal ist für das Gebiet der Gemeinde örtlich nicht zuständig.

Einen anderen Fall der außerordentlichen Zuständigkeit regelt § 6 Abs. 2 OBG, nämlich die sog. **Nachbarschaftshilfe**. Wenn die Erfüllung ordnungsbehördlicher Aufgaben Maßnahmen auch in benachbarten Gebieten erfordert und die Mitwirkung der dort örtlich zuständigen Ordnungsbehörde nicht ohne Verzögerung zu erreichen ist, durch die der Erfolg der Maßnahme beeinträchtigt wird, so kann die eingreifende Ordnungsbehörde auch in benachbarten Bezirken die notwendigen unaufschiebbaren Maßnahmen treffen.

Für die Nachbarschaftshilfe müssen also folgende Voraussetzungen erfüllt sein:

1. Es müssen ordnungsbehördliche Maßnahmen notwendig sein.
2. Die ordnungsbehördlichen Maßnahmen müssen auch in benachbarten Gebieten notwendig sein.
   Das Wörtchen „auch" wird in diesem Zusammenhang gerne übersehen. Dieses macht deutlich, dass in beiden Bezirken, also sowohl im Bezirk der einschreitenden Ordnungsbehörde als auch im Nachbarbezirk, ordnungsbehördliche Maßnahmen notwendig sein müssen.
3. Die Ordnungsbehörde des Nachbarbezirks ist nicht ohne Verzögerung zu erreichen und der Erfolg der Maßnahme ist dadurch gefährdet.

Beispiele:

- *Unweit der Grenze zwischen Köln (kreisfreie Stadt) und Bergisch Gladbach (Rheinisch-Bergischer Kreis) liegt das Wasserwerk Erker Mühle der RheinEnergie AG, das einen großen Teil der Bevölkerung in den rechtsrheinischen Gebieten Kölns mit Trinkwasser versorgt.*
  Am Rosenmontag ereignet sich auf der Bundestraße 55 genau auf der Stadtgrenze zwischen Köln und Bergisch Gladbach ein Verkehrsunfall, in den u. a. ein Tankfahrzeug verwickelt ist. Dabei wird eine Kammer des Tanks aufgerissen und mehrere Tausend Liter leichtes Heizöl laufen aus. Ein Teil des Öls bleibt auf der asphaltierten Straße stehen, der Rest versickert beiderseits der Stadtgrenze im Boden.
  Zuständig ist hier die untere Wasserbehörde als Sonderordnungsbehörde. Für das Gebiet der Stadt Köln ist das die Oberbürgermeisterin der Stadt Köln, für das Gebiet der Stadt Bergisch Gladbach der Landrat des Rheinisch-Bergischen Kreises.
  Es werden beide Behörden verständigt, allerdings ist nur die untere Wasserbehörde des Rheinisch-Bergischen Kreises zu erreichen. Nach kurzer Zeit trifft ein Mitarbeiter an der Unfallstelle ein. Er lässt das auf dem Boden stehende Öl absaugen, das öldurchtränkte Erdreich ausbaggern und einen Abwehrbrunnen niederbringen.[1]
  Der Landrat des Rheinischen-Bergischen-Kreises durfte hier auch auf Kölner Gebiet tätig werden, da die Voraussetzungen des § 6 Abs. 2 OBG erfüllt sind. Allerdings durfte er den Abwehrbrunnen nicht niederbringen lassen. Das Grundwasser hat eine Fließgeschwindigkeit zwischen einem und drei Metern pro Tag, sodass es sich hierbei nicht um eine unaufschiebbare Maßnahme handelt. Die Oberbürgermeisterin der Stadt Köln hätte hierzu am nächsten Arbeitstag hinreichend Zeit gehabt, ohne dass es zu weiteren Schäden gekommen wäre.
- *Situation wie zuvor, allerdings befindet sich das ausgelaufene Öl nur auf Kölner Stadtgebiet.*
  Der Mitarbeiter des Landrats des Rheinischen Kreises dürfte jetzt keine Gefahrenabwehrmaßnahmen ergreifen, da in seinem Zuständigkeitsbereich keine Maßnahmen zu veranlassen sind. Handeln könnte allerdings die Bezirksregierung Köln nach § 6 Abs. 1 OBG oder aber die Polizei (siehe nachfolgendes Kapitel 3.6).

1 Beispiele aus Frings/Spahlholz, Rdnr. 172

3.6 DIE ZUSTÄNDIGKEIT DER POLIZEI AUF DEM GEBIET DER GEFAHRENABWEHR

Neben den Ordnungsbehörden ist nach § 1 Abs. 1 Satz 1 PolG auch die Polizei für die Aufgabe der Gefahrenabwehr zuständig.

Damit es hier nicht zu Konflikten kommt, ist eine klare Abgrenzung der Kompetenzen zwischen den Ordnungsbehörden und der Polizei notwendig. Diese Abgrenzung zieht § 1 Abs. 1 Satz 3 PolG und legt fest, dass die Polizei in eigener Zuständigkeit tätig zu werden hat, soweit ein Handeln der ebenfalls zuständigen Ordnungsbehörde nicht oder nicht rechtzeitig möglich erscheint. Die Polizei ist also für die Gefahrenabwehr nur subsidiär, die Ordnungsbehörde hingegen originär zuständig.

Dass ein Handeln der Ordnungsbehörde nicht oder nicht rechtzeitig möglich erscheint, ist insbesondere in folgenden Fällen denkbar:

- Die Polizei ist als Erste vor Ort und es sind Sofortmaßnahmen notwendig. Auf das Eintreffen der Ordnungsbehörde kann nicht gewartet werden.
- Es werden sofortige Maßnahmen außerhalb der Dienstzeit der Ordnungsbehörden notwendig.

Beispiele:

- *Dem Polizisten Bert Blau fällt auf seinem Streifgang durch seinen Bonner Bezirk auf, dass zwei sieben- und achtjährige Kinder auf den Gleisen der Straßenbahnlinie 66 spielen.*
  Würden Maßnahmen erst ergriffen, wenn Mitarbeiter der von Bert Blau unterrichteten örtlichen Ordnungsbehörde vor Ort wären, könnten die spielenden Kinder schon von einer Straßenbahn erfasst worden sein. Hier ist die Polizei also subsidiär für Gefahrenabwehrmaßnahmen zuständig.
- *Benjamin Bengel feiert am Wochenende mit 35 Freunden seinen 18. Geburtstag. Seine Eltern haben ihm dafür die Wohnung überlassen und sich auf einen kleinen Wochenendtrip begeben. Durch erhöhten Alkoholkonsum läuft die Party komplett aus dem Ruder. Als die Nachbarn trotz mehrmaliger persönlicher Bitten keinen Erfolg erzielen konnten und nachts um vier immer noch ohrenbetäubend laute Musik gespielt wird, rufen sie schließlich entnervt die Polizei.*
  Die eigentlich zuständige Ordnungsbehörde ist um diese Zeit nicht mehr besetzt. Die Ruhestörung muss aber sofort abgestellt werden, sodass die Polizei hier subsidiär zuständig ist.

4 DIE ERMÄCHTIGUNGSGRUNDLAGE

Wenn die Ordnungsbehörde zur Gefahrenabwehr tätig wird, dann handelt sie im Regelfall dadurch, dass sie einen belastenden Verwaltungsakt erlässt. Hierfür ist nach dem Grundsatz der Gesetzmäßigkeit der Verwaltung eine Ermächtigungsgrundlage erforderlich.

Ermächtigungsgrundlagen sind Rechtsnormen, die eine Behörde dazu ermächtigen, unter bestimmten Voraussetzungen zu handeln. Keine Ermächtigungsgrundlagen sind reine Zuständigkeitsregelungen, denn hierdurch wird den Behörden lediglich eine Aufgabe zugewiesen.

Beispiel:
Wie bereits dargestellt, wird die Aufgabe der Gefahrenabwehr durch § 1 OBG den Ordnungsbehörden zugewiesen. Sie werden durch § 1 OBG aber nicht zum Handeln ermächtigt, wenn eine Gefahr eintreten sollte.

Ebenfalls keine Ermächtigungsgrundlagen sind Ge- und Verbotsnormen.

Beispiel:
Rita Rock hat ein Modegeschäft eröffnet. Um neue Kunden zu gewinnen, öffnet sie ihren Laden auch sonntags von 12 bis 18 Uhr.
§ 5 LÖG verbietet die Öffnung des Modegeschäfts an Sonn- und Feiertagen. Er ermächtigt die Behörde aber nicht zum Einschreiten, wenn hiergegen verstoßen wird. § 5 LÖG ist daher keine Ermächtigungsgrundlage für ordnungsbehördliche Maßnahmen.

Im Recht der Gefahrenabwehr existiert eine Vielzahl von Ermächtigungsgrundlagen, sodass bei der Bestimmung der im konkreten Fall anzuwendenden Ermächtigungsgrundlage der Grundsatz „Spezialgesetz geht vor Allgemeingesetz" zu beachten ist. Dadurch ergibt sich folgende Prüfungsreihenfolge:

1. Spezialgesetzliche Ermächtigungsgrundlagen außerhalb des OBG
2. Ermächtigungsgrundlagen innerhalb des OBG
   a) Standardbefugnisse
   b) Generalklausel

Ermächtigungsgrundlagen finden sich **außerhalb des OBG** in zahlreichen Spezialgesetzen.

Beispiele:

- *Der Juwelier Bert Brosche hat erhebliche Umsatzprobleme. Insbesondere die Internetkonkurrenz macht ihm zu schaffen. Um seinen Gewinnausfall zu minimieren, bietet er in seinem Geschäftslokal gefälschte Produkte, die er billig aus Asien bezieht, als Originalware an. Nachdem dieses der zuständigen Ordnungsbehörde bekannt wird, spricht sie wegen gewerberechtlicher Unzuverlässigkeit eine Gewerbeuntersagung nach § 35 Abs. 1 GewO aus.*
- *Ralf Rasen hat einen großen Garten, in dem regelmäßig größere Mengen Grünschnitt u. a. anfallen. Diese verbrennt er regelmäßig in einer extra dafür hergerichteten Ecke seines Gartens. Dabei entsteht immer eine erhebliche Rauchbelästigung für die Nachbarn. Die zuständige Ordnungsbehörde untersagt Ralf Rasen daher das weitere Verbrennen von Gartenabfällen nach § 15 Abs. 1 Satz 1 i. V. m. § 7 Abs. 1 Satz 1 LImSchG.*

Findet sich in einem Spezialgesetz keine Ermächtigungsgrundlage, ist **auf Ermächtigungsgrundlagen im OBG** zurückzugreifen. Diese sind allgemeinerer Natur als die spezialgesetzlichen Ermächtigungsgrundlagen. Als Ermächtigungsgrundlage innerhalb des OBG kommt zunächst § 24 OBG in Betracht. Dieser verweist auf die sog. polizeilichen Standardmaßnahmen, von denen einige auch für die Ordnungsbehörden gelten.

Beispiele:

- *Im Zuge der bevorstehenden Bundestagswahlen verschickt die Stadt Münster Wahlbenachrichtigungen an alle im Stadtgebiet gemeldeten wahlberechtigten Bürger. Die Wahlbenachrichtigung von Sebastian Sorglos wird von der Post mit dem Vermerk „Empfänger unbekannt verzogen" zurückgeschickt. Ein Mitarbeiter des Ermittlungsdienstes der Stadt Münster stellt daraufhin vor Ort Nachforschungen an und stellt fest, dass an der fraglichen Adresse weder ein Klingelschild noch ein Briefkasten für Sebastian Sorglos vorhanden ist. Er befragt deshalb die Nachbarn, ob sie Sebastian Sorglos kennen und ggf. wissen, wohin er verzogen ist. Es handelt sich hierbei um eine Befragung nach § 24 Abs. 1 Nr. 1 OBG i. V. m. § 9 Abs. 2 PolG.*
- *In der Bottroper Innenstadt brennt ein Haus. Die Flammen haben schon auf mehrere Etagen übergegriffen und Menschen in ihren Wohnungen eingeschlossen. Bereits vor Eintreffen der Feuerwehr hat sich eine große Menge Schaulustiger eingefunden, die mit Handykameras das brennende Haus und die auf Balkonen wartenden Menschen filmen. Als die Feuerwehr eintrifft, behindern sie die Rettungsarbeiten dadurch, dass sie den Rettungskräften im Weg stehen und von Sensationsgier getrieben hemmungslos weiterfilmen. Die Ordnungsbehörde kann gegenüber diesen Schaulustigen einen Platzverweis nach § 24 Abs. 1 Nr. 12 OBG i. V. m. § 34 Abs. 1 Satz 2 PolG aussprechen.*
- *Ein Außendienstmitarbeiter der Stadt Aachen wird in der Innenstadt auf einen vorschriftsmäßig abgestellten Ferrari aufmerksam, der nicht verschlossen ist. Um den Eigentümer oder den rechtmäßigen Inhaber der tatsächlichen Gewalt vor Verlust oder Beschädigung zu schützen, stellt er das Auto nach § 24 Abs. 1 Nr. 12 OBG i. V. m. § 43 Nr. 2 PolG sicher und lässt es auf einen Verwahrplatz abschleppen.*

Wenn zur Gefahrenabwehr weder eine spezialgesetzliche Ermächtigungsgrundlage noch eine der Standardmaßnahmen infrage kommt, dann findet die ordnungsbehördliche Generalklausel des § 14 Abs. 1 OBG Anwendung. Eine **Generalklausel** ist eine bewusst allgemein gehaltene Rechtsvorschrift, die als Auffangklausel fungiert und mittels derer die Ordnungsbehörden alle Gefahrentatbestände abwehren können, die nicht von spezielleren Vorschriften erfasst werden.

Auch für die Polizei, die nach § 1 Abs. 1 Satz 1 PolG ebenfalls für die Gefahrenabwehr zuständig ist (siehe Kapitel 3.6), gibt es eine Generalklausel, und zwar § 8 Abs. 1 PolG. Dieser ist vom Wortlaut her dem § 14 Abs. 1 OBG sehr ähnlich und hat die gleichen Tatbestandsvoraussetzungen. Die folgenden Ausführungen für die ordnungsbehördliche Generalklausel gelten daher genauso für die polizeiliche Generalklausel.

Nach § 14 Abs. 1 OBG können die Ordnungsbehörden die notwendigen Maßnahmen treffen, um eine im einzelnen Falle bestehende Gefahr für die öffentliche Sicherheit oder Ordnung abzuwehren.

Auf der Tatbestandsseite dieser Vorschrift finden sich drei Tatbestandsmerkmale, nämlich die Gefahr, die öffentliche Sicherheit und die öffentliche Ordnung.

Die Prüfungsreihenfolge in der Klausur ist jedoch eine andere. Das liegt daran, dass das Vorliegen der Gefahr im Hinblick auf die öffentliche Sicherheit oder Ordnung beurteilt werden muss. Eine Gefahr, die nicht der öffentlichen Sicherheit oder Ordnung droht, rechtfertigt keine ordnungsbehördlichen Maßnahmen. Daher muss im ersten Schritt immer geprüft werden, ob die öffentliche Sicherheit oder die öffentliche Ordnung betroffen ist. Im zweiten Schritt erfolgt dann die Prüfung, ob die öffentliche Sicherheit oder die öffentliche Ordnung auch gefährdet ist.

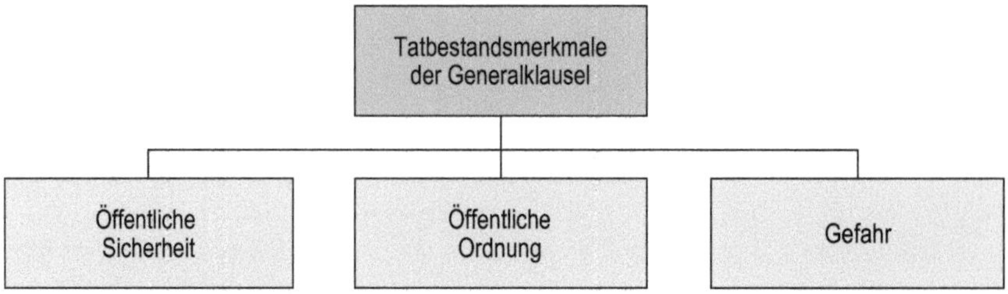

4.1 DIE ÖFFENTLICHE SICHERHEIT

Die **öffentliche Sicherheit** umfasst drei Schutzgüter, nämlich die Individualrechtsgüter und Kollektivgüter, die geschriebene Rechtsordnung und den Staat und seine Einrichtungen.

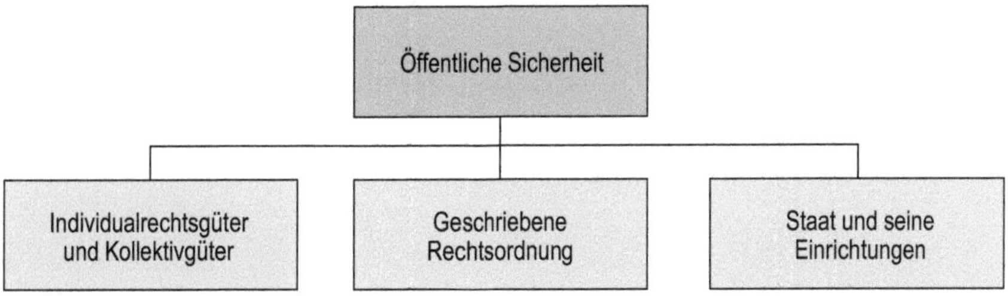

4.1.1 Die Individualrechtsgüter und Kollektivgüter

Die **Individualrechtsgüter** sind ein Schutzgut der öffentlichen Sicherheit. Darunter versteht man alle gesetzlich geschützten Rechte des Einzelnen. Hierzu zählen insbesondere Leben, Gesundheit, Freiheit, Eigentum, Besitz, Vermögen, Ehre, das allgemeine Persönlichkeitsrecht und das Namensrecht.

Wie bereits in Kapitel 3.1 dargestellt, unterliegt der **Schutz privater Rechte** nicht den Ordnungsbehörden, sondern den Zivilgerichten. Die Ordnungsbehörden können hier nur subsidiär tätig werden, wenn gerichtlicher Schutz nicht rechtzeitig zu erlangen ist und die Gefahr besteht, dass ohne ordnungsbehördliche Hilfe die Durchsetzung des Rechts nicht möglich ist oder wesentlich erschwert wird.

Beispiel:
S. Fallbeispiel „Stefan Schlemmer" in Kapitel 3.1.

Berührt ist das Schutzgut der Individualrechtsgüter hingegen immer dann, wenn ein **Öffentlichkeitsbezug** besteht. Diese Voraussetzung ist immer dann erfüllt, wenn unbestimmt viele Personen in ihren Individualrechtsgütern bedroht werden und der Bedrohte quasi stellvertretend für die Allgemeinheit steht.

Beispiel:
Stefan Stein lässt sein direkt an den öffentlichen Gehweg grenzendes Haus energetisch sanieren. Im Zuge der Fassadendämmung wird an dem Haus ein Gerüst errichtet. Beim Aufbau wurden einige Gerüstösen, die das Gerüst in der Fassade verankern, nicht richtig montiert. Das Gerüst ist dadurch nicht stabil und droht beim nächsten Wind umzustürzen.
Hier sind unbestimmt viele Personen, nämlich jeder, der am Haus von Stefan Stein entlang geht, in ihrem Individualrechtsgut Leben und Gesundheit bedroht. Die öffentliche Sicherheit ist daher berührt.

Ebenfalls liegt ein Öffentlichkeitsbezug vor, wenn sog. **Kollektivgüter** bedroht sind. Darunter versteht man die Bündelung von Individualrechtsgütern zu einem Rechtsgut der Allgemeinheit. So wird dann zum Beispiel aus dem Individualrechtsgut Gesundheit die Volksgesundheit.

Beispiel:
Unbekannte haben hundert Liter Altöl in den Allersbach gekippt. Der Allersbach ist ein 2,9 km langer Zufluss zur Rurtalsperre. Die Rurtalsperre wiederum dient u. a. der Trinkwasserversorgung in der Städteregion Aachen und Teilen des Kreises Heinsberg. Betroffen ist das Kollektivgut der öffentlichen Wasserversorgung, daher ist die öffentliche Sicherheit berührt.

Problematisch kann allerdings der Bereich der sog. **Selbstgefährdung** sein. Grundsätzlich darf sich jeder Bürger selbst gefährden, sofern er sich dieser Gefährdung bewusst ist und er ausschließlich sich alleine gefährdet. Dieses folgt aus der allgemeinen Handlungsfreiheit, die sich aus Art. 2 Abs. 1 GG ergibt.

Beispiel:
Theo Tiger ist Raubtierdompteur in einem Zirkus. Während seiner Aufführung steht er ohne jeglichen Schutz mit seinen Raubtieren in der Manege, die Zuschauer sind durch ein Schutzgitter gesichert.
Theo Tiger gefährdet nur sich selbst und ist sich der Gefährdung auch bewusst. Die öffentliche Sicherheit ist daher nicht betroffen.

Etwas anderes gilt jedoch, wenn keine ausschließliche Selbstgefährdung vorliegt, sondern Dritte mitgefährdet werden. In diesem Fall ist die öffentliche Sicherheit tangiert.

Beispiel:
In einem See befindet sich eine Felsformation, die kurz unter der Wasseroberfläche ein großes Plateau bildet. Auf der zum See hin gerichteten Seite fällt die Felswand nahezu senkrecht bis in eine Tiefe von rund 90 m ab. Diese außergewöhnliche Formation gilt unter Sporttauchern als Herausforderung, weil diese sich an Steilwänden wie diesen schlecht orientieren können. Auch gibt es an dieser Felswand starke Unterwasserströmungen, die zu schnellem Absinken oder zu Auftrieb führen. Nachdem es bereits mehrere tödliche Tauchunfälle gegeben hat, erlässt die zuständige Ordnungsbehörde für diesen Bereich des Sees ein Tauchverbot.
Hier liegt kein Fall der ausschließlichen Selbstgefährdung vor, da sich bei einem Tauchunfall auch die Retter in Gefahr begeben.

Auch ist die öffentliche Sicherheit betroffen, wenn dem sich selbst Gefährdenden die notwendige Einsichtsfähigkeit in sein Tun fehlt und er die Tragweite seines Handelns nicht abzuschätzen vermag. Das ist beispielsweise der Fall, wenn sich Kinder gefährden oder

der sich selbst Gefährdende betrunken ist oder sonstige bewusstseinsverändernde Drogen konsumiert hat.

Aus dem gleichen Grund dürfen Polizei und Ordnungsbehörden einen Selbstmordversuch unterbinden. Dies gilt auch dann, wenn durch den Suizid keine Dritten gefährdet werden. Argumentiert wird hier dahingehend, dass der Suizidgefährdete sich in einem psychischen Ausnahmezustand befindet und deswegen nicht mehr in der Lage ist, die Tragweite seines Handelns zu erkennen oder richtig einzuschätzen.

4.1.2 Die geschriebene Rechtsordnung

Durch die öffentliche Sicherheit wird die **gesamte geschriebene Rechtsordnung** geschützt und zwar unabhängig davon, wer die Norm erlassen hat, und unabhängig vom örtlichen Geltungsbereich der Norm. Der Begriff der geschriebenen Rechtsordnung umfasst daher alle formellen Gesetze, Rechtsverordnungen und Satzungen.

Von Bedeutung sind vor allem die öffentlich-rechtlichen Ge- und Verbotsnormen. Wird gegen sie verstoßen, ist die öffentliche Sicherheit immer betroffen.

Beispiel:
Der Spielplatz einer Gemeinde hat sich zu einem Treffpunkt für Jugendliche entwickelt, die dort „abhängen", Alkohol konsumieren und Shisha rauchen. In der örtlichen Spielplatzsatzung ist in § 3 festgelegt, dass auf den öffentlichen Spielplätzen im Gemeindegebiet der Konsum und das Mitführen von alkoholischen Getränken sowie der Konsum von Tabakwaren, anderen nikotinhaltigen Erzeugnissen (z. B. E-Zigaretten und Shishas) und Drogen verboten ist. Das Verhalten der Jugendlichen verletzt daher die geschriebene Rechtsordnung und berührt folglich die öffentliche Sicherheit.

Ebenfalls ist die öffentliche Sicherheit immer dann betroffen, wenn Straf- oder Ordnungswidrigkeitentatbestände verwirklicht werden.

Beispiele:
- *Obdachlose haben in der Duisburger Innenstadt ein leerstehendes, baufälliges Haus besetzt. Sie wollen damit die Sanierung durch den Eigentümer verhindern und fordern, dass die Stadt das Haus kauft und günstigen Wohnraum schafft.*
  Die Hausbesetzung erfüllt den Straftatbestand des Hausfriedensbruchs (§ 123 StGB). Deswegen ist die öffentliche Sicherheit betroffen.
- *Konstantin Kahl aus dem Beispiel aus Kapitel 1 verwirklicht durch sein Nacktjoggen den Ordnungswidrigkeitentatbestand des § 118 Abs. 1 OWiG. Auch hier ist die öffentliche Sicherheit betroffen.*

Das **Privatrecht** ist Teil der Rechtsordnung und daher grundsätzlich ebenfalls vom Begriff der öffentlichen Sicherheit erfasst. Allerdings ist auch hier wieder zu beachten, dass die Generalklausel zum Schutz privater Rechte nur subsidiär Anwendung findet.

4.1.3 Der Staat und seine Einrichtungen

Neben den Individualrechtsgütern und der geschriebenen Rechtsordnung umfasst der Begriff der öffentlichen Sicherheit auch den **Bestand und die Funktionsfähigkeit des Staates, seiner Einrichtungen und Veranstaltungen**.

Zu den **staatlichen Einrichtungen** gehören beispielsweise

- Bundes- und Landesparlamente
- Bundes- und Landesregierungen
- Gerichte
- Staatliche Behörden
- Körperschaften des öffentlichen Rechts, wie z. B. Gemeinden und Universitäten
- Anstalten des öffentlichen Rechts, wie z. B. Justizvollzugsanstalten und Landesrundfunkanstalten
- Dienstgebäude

Unter den Begriff der staatlichen Einrichtungen fallen aber auch **kommunale Einrichtungen**, wie beispielsweise

- Theater
- Museen
- Opern
- Bibliotheken
- Schwimmbäder
- Obdachlosenunterkünfte

Veranstaltungen des Staates oder seiner Einrichtungen können zum Beispiel sein:

- Staatsbesuche
- Staatsbegräbnisse
- Manöver der Bundeswehr
- Großer Zapfenstreich der Bundeswehr

Unter dem **Bestand** ist die Existenz des Staates und seiner Einrichtungen zu verstehen. Die **Funktionsfähigkeit** bedeutet insbesondere, dass die staatlichen Einrichtungen ungehindert ihren Aufgaben nachkommen bzw. von der Bevölkerung ungehindert genutzt werden können.

Beispiele:

- *Rudi Raser ist bei einer mobilen Radarkontrolle der Polizei aufgefallen. Er ist mit 67 km/h durch eine geschlossene Ortschaft gefahren und geblitzt worden. Er ist dermaßen wütend, dass er sein Auto 200 m vor der Radarfalle abstellt und an der Heckscheibe ein großes Plakat mit der Aufschrift „ACHTUNG, Radarfalle in 200 m!" anbringt.*
  Rudi Raser behindert mit dieser Warnung vor der Radarkontrolle die präventive Polizeiarbeit. Deswegen ist die öffentliche Sicherheit berührt.
- *Im Deutschen Bundestag findet die Haushaltsdebatte statt. Die Wirtschaft steckt mitten in einer tiefen Rezession und nach Ansicht der Regierungsparteien werden Steuererhöhungen unvermeidlich sein. Auf den Besucherrängen entrollen Demonstranten plötzlich ein großes Transparent mit der Aufschrift „Weg mit der Steuer – Das Leben ist zu teuer" und stören die Debatte durch mitgebrachte Gashupen, sodass diese nicht fortgeführt werden kann.*
  Die Demonstranten behindern die Funktionsfähigkeit des Parlaments. Folglich ist die öffentliche Sicherheit betroffen.
- *Eine siebenköpfige Familie wird in eine städt. Obdachlosenunterkunft eingewiesen und bekommt zwei Zimmer zugeteilt. Da die Unterkunft nicht komplett ausgelastet ist und zurzeit das Nachbarzimmer frei steht, benutzt die Familie auch dieses mit. Nach drei Tagen wird dieses Zimmer für ein weiteres Ehepaar benötigt, die Familie weigert sich aber, dieses Zimmer wieder zu räumen, weil sie sich in den ihr zugewiesenen Zimmern zu beengt fühlt.*
  Hierdurch wird die Funktionsfähigkeit der städtischen Obdachlosenunterkunft als kommunale Einrichtung beeinträchtigt, denn die Einweisung weiterer Obdachloser wird verhindert. Die öffentliche Sicherheit ist deswegen berührt.

Von den zuvor genannten Fällen, in denen die Funktionsfähigkeit des Staates oder seiner Einrichtungen eingeschränkt bzw. die Arbeit staatlicher Einrichtungen massiv behindert wird, sind die Fälle zu trennen, in denen unliebsame Kritik geäußert wird. Diese ist möglich und auch durch das Grundrecht auf freie Meinungsäußerung gedeckt.

Beispiel:

In den nordrhein-westfälischen Karnevalshochburgen Düsseldorf und Köln wird die närrische Zeit gerne dazu genutzt, um den Politikern einen Spiegel vorzuhalten und Kritik an ihrer Arbeit zu äußern. Insbesondere bei den Rosenmontagszügen werden diese häufig verspottet und auf Persiflagewagen lächerlich gemacht. So wurde die ehemalige Bundeskanzlerin Angela Merkel in der Vergangenheit beispielsweise in Köln auf einem Motivwagen in einem äußerst knappen schwarz-rot-goldenen Bikini dargestellt und ließ sich die „Problemzonen" wie Neuverschuldung und anderen politischen Ballast wegoperieren. In Düsseldorf wurde eine nackte Kanzlerin gezeigt, die auf allen Vieren kriechend als „kapitulierende Wölfin" dargestellt wurde. Die Figur säugte an ihren Zitzen „hungrige Kinder" wie beispielsweise die Abwrackprämie, das Konjunkturpaket und Bankenhilfen.
Durch diese Darstellungen wird zwar in spöttischer Weise Kritik geäußert, aber nicht die Arbeitsfähigkeit staatlicher Einrichtungen behindert oder gar die Existenz des Staates oder seiner Einrichtungen bedroht. Die öffentliche Sicherheit ist daher nicht tangiert.

4.2 DIE ÖFFENTLICHE ORDNUNG

Unter dem Begriff der **öffentlichen Ordnung** versteht man die Gesamtheit der ungeschriebenen Regeln, deren Befolgung nach den jeweils herrschenden sozialen und ethischen Anschauungen als unerlässliche Voraussetzung für ein gedeihliches Zusammenleben innerhalb eines bestimmten Gebietes angesehen wird.

Diese auf den ersten Blick schwer verständliche Definition enthält vier wesentliche Merkmale:

1. Die Gesamtheit der **ungeschriebenen Wertvorstellungen**

   Handelt es sich nicht um ungeschriebene Wertvorstellungen, sondern um Wertvorstellungen, die durch Rechtsnormen geregelt werden, ist nicht die öffentliche Ordnung, sondern die öffentliche Sicherheit betroffen, und zwar über das Schutzgut der geschriebenen Rechtsordnung.

2. deren Befolgung nach den **jeweils herrschenden** sozialen und ethischen **Anschauungen**

   „Jeweils herrschende Anschauungen" bedeutet zum einen, dass die Wertvorstellungen von der Mehrheit der Bevölkerung geteilt werden müssen. Zum anderen wird dadurch deutlich, dass diese Wertvorstellungen sich im Laufe der Zeit durchaus ändern und so einem Wandel unterliegen können.

3. als **unerlässliche Voraussetzung** für ein gedeihliches Zusammenleben

   Die Wertvorstellungen müssen als unerlässliche Voraussetzung und damit als unabdingbar für ein menschliches Zusammenleben angesehen werden. Wenn ein Verhalten oder ein Zustand Wertvorstellungen verletzt, die nicht unerlässliche Mindestanforderung sind, dann wird dieses zwar als lästig, störend oder unangenehm empfunden, aber letztendlich von der Bevölkerung doch toleriert bzw. geduldet.

4. **innerhalb eines bestimmten Gebietes** angesehen wird

   Dadurch, dass sich die Wertvorstellungen auf ein bestimmtes Gebiet beziehen, unterliegen diese nicht nur einem zeitlichen Wandel, sondern können auch zur gleichen Zeit an verschiedenen Orten unterschiedlich sein.

In Anbetracht der Tatsache, dass der Gesetzgeber dazu neigt, die bedeutenden Wertvorstellungen durch Rechtsnormen zu regeln, ist die öffentliche Ordnung für die behördliche Praxis von mehr oder weniger untergeordneter Bedeutung. Relevant ist sie insbesondere dann, wenn es um Sexualmoral bzw. öffentlichen Anstand geht oder wenn ausländerfeindliche bzw. menschenverachtende Aussagen getätigt oder Handlungen vorgenommen werden, die keinen Straftatbestand erfüllen.

Beispiele:

- *Im Jahre 1907 liegt Helga Hübsch an einem See und badet „oben ohne".*
  Dieses Verhalten dürfte zu gehörigem Aufruhr geführt haben, denn zur damaligen Zeit hat dieses Verhalten das Schamgefühl der Allgemeinheit besonders verletzt. Es hat daher gegen die öffentliche Ordnung verstoßen.
- *Badet heute hingegen Susi Schön an einem Baggerloch „oben ohne", würde dieses keine Empörungswelle mehr auslösen. Die Wertvorstellungen haben sich in den mehr als hundert Jahren deutlich geändert. Heute wird die Bevölkerungsmehrheit nicht übermäßig pikiert reagieren, wenn an einem Baggerloch eine Frau „oben ohne" badet. Die öffentliche Ordnung ist daher nicht tangiert.*
- *Susi Schön macht sich – so wie sie ist – vom Baggerloch mit dem E-Bike auf den Weg in die Dortmunder Innenstadt, um noch ein Geburtstagsgeschenk zu kaufen.*
  Wie bereits dargelegt, haben sich in den letzten hundert Jahren die Moralvorstellungen in Bezug auf Nacktheit geändert. Das heißt aber nicht, dass in einer belebten Innenstadt die gleichen Regeln bzw. Wertvorstellungen gelten wie an einem Baggerloch. An einem Baggerloch wird keiner besonders überrascht sein, wenn er einer Frau begegnet, die „oben ohne" badet. In einer belebten Fußgängerzone hingegen dürfte die Mehrheit der Bevölkerung unfreiwillig mit der Nacktheit konfrontiert werden und sich in ihrem Schamgefühl verletzt sehen. Die öffentliche Ordnung ist demnach betroffen.
- *Der Rentner Rudi Rüstig ist ein Verehrer des Hauses Hohenzollern, einer der bedeutendsten Dynastien des deutschen Hochadels. Um seine Verbundenheit mit preußischen Tugenden und preußischer Tradition zu demonstrieren, hisst er auf seinem Balkon die Reichskriegsflagge des deutschen Kaiserreiches. In der unmittelbaren Umgebung leben überwiegend Ausländer.*
  Die Reichskriegsflagge des Deutschen Kaiserreiches ist im Gegensatz zur Reichskriegsflagge des Dritten Reiches kein verfassungsfeindliches Propagandamittel und deswegen nicht durch § 86a StGB verboten. In ihrer ursprünglichen Bedeutung ist sie aber in der Bevölkerung kaum noch bekannt und wird heute gerne von gewaltbereiten nationalistischen und rassistischen Gruppen benutzt, da die Reichskriegsflagge des Deutschen Kaiserreiches und die des Dritten Reiches die gleichen Farben verwendet haben (schwarz-weiß-rot). Auch wenn Rudi Rüstig keine volksverhetzenden Absichten hegt, kann nach Ansicht des OVG Münster das Hissen der Reichskriegsflagge so verstanden werden, dass zu Einschüchterung, Diskriminierung und Gewalt gegenüber den in Deutschland lebenden Ausländern aufgerufen wird. Es ist daher geeignet, die öffentliche Ordnung zu verletzen[2]*.*
- *Die Teilnehmer einer rechten Demonstration haben sich Hakenkreuze ins Gesicht gemalt und erheben die Hand zum Hitlergruß.*
  Dieses Verhalten ist strafbar nach § 86a StGB. Insofern ist nicht die öffentliche Ordnung, sondern die öffentliche Sicherheit betroffen.

2 OVG Münster, NJW 1994, 2909

4.3 DIE GEFAHR

Es ist nicht ausreichend, dass die öffentliche Sicherheit oder die öffentliche Ordnung nur berührt ist. § 14 Abs. 1 OBG fordert, dass sie auch gefährdet sind.

Eine **Gefahr** liegt immer dann vor, wenn in absehbarer Zeit mit hinreichender Wahrscheinlichkeit ein Schaden für die öffentliche Sicherheit oder Ordnung eintreten wird.

In dieser Definition sind drei zentrale Merkmale enthalten, nämlich

1. der Schaden,
2. die hinreichende Wahrscheinlichkeit und
3. die absehbare Zeit.

4.3.1 Der Schaden

Unter einem **Schaden** versteht man die Minderung eines tatsächlich vorhandenen Bestandes an Lebensgütern durch regelwidrige äußere Einflüsse.

Durch einc **Belästigung** oder eine bloße Unannehmlichkeit kann keine Minderung und daher auch kein Schaden eintreten. Dabei wird unter einer Belästigung ein Zustand oder eine Sachlage verstanden, die subjektiv als unangenehm empfunden wird.

Beispiel:
Peter Pille macht es sich auf seinem Balkon gemütlich. Er freut sich schon die ganze Woche auf den letzten Spieltag der Fußball-Bundesliga. Sein Lieblingsverein, der 1. FC Köln, ist unverhofft die Überraschungsmannschaft der Saison und kann mit einem Sieg auf Schalke Deutscher Meister werden. Er hat sich ein kühles Bier eingeschenkt und das Radio angemacht, um die Übertragung live zu hören. Das Spiel ist gerade angepfiffen worden, als sein Nachbar, der unter ihm wohnt, seinen lauten Rasenmäher anschmeißt.

Liegt jedoch eine **Beeinträchtigung** vor, so handelt es sich um eine Minderung und ein Schaden ist eingetreten. Den Punkt, an dem aus einer Belästigung eine Beeinträchtigung wird, nennt man **Gefahrenschwelle**.

Ob die Gefahrenschwelle überschritten wird oder nicht, kann dabei durchaus von örtlichen oder zeitlichen Komponenten abhängen.

Beispiele:

- *In einem kleinen, durch landwirtschaftliche Betriebe geprägten Dorf ist das morgendliche Krähen eines Hahnes keine Beeinträchtigung. Hält dagegen jemand, der in der Essener Innenstadt wohnt, Hühner, dürfte das allmorgendliche Krähen gegen 5 Uhr allerdings die Gefahrenschwelle überschreiten und zu einer Beeinträchtigung führen (örtliche Komponente).*
- *Der Nachbar von Peter Pille aus dem obigen Beispiel mäht den Rasen nicht um 15:30 Uhr, sondern um 23:00 Uhr, als es etwas kühler geworden ist. Hier ist die Gefahrenschwelle ebenfalls überschritten und es liegt eine Beeinträchtigung vor (zeitliche Komponente).*

Bei der Beurteilung, ob die Gefahrenschwelle überschritten ist und damit eine Beeinträchtigung vorliegt, ist auf die Sichtweise eines Durchschnittsmenschen abzustellen. Besonders empfindliche Menschen werden durch die Ordnungsbehörde nicht geschützt.

Beispiel:
Konstantin Krach ist äußerst geräuschempfindlich und wohnt neben einer Bäckerei, die bereits frühmorgens Brötchen backt. Er kann durch die Geräuschimmissionen, die die zulässigen Werte nach der TA Lärm deutlich unterschreiten, nicht schlafen. Die Ordnungsbehörde wird, auch wenn sich Konstantin Krach subjektiv gestört fühlt, nicht einschreiten.

4.3.2 Die hinreichende Wahrscheinlichkeit

Durch den Begriff der **hinreichenden Wahrscheinlichkeit** wird eine Abgrenzung zur Gewissheit einerseits und der bloßen entfernt liegenden Möglichkeit andererseits vorgenommen. Auf der einen Seite bedeutet eine hinreichende Wahrscheinlichkeit noch keine Gewissheit, auf der anderen Seite aber mehr als eine bloße entfernt liegende Möglichkeit. Allerdings befindet sich die hinreichende Wahrscheinlichkeit nicht statisch in der Mitte zwischen Gewissheit und bloßer entfernt liegender Möglichkeit, sondern ist im Gegensatz zu diesen Begriffen flexibel.

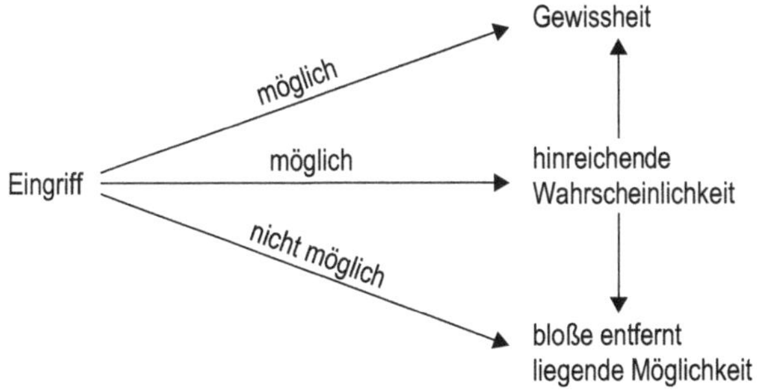

Darstellung aus Wind, S. 30

Beurteilt wird die Wahrscheinlichkeit anhand zweier Kriterien:

1. an der Lebenserfahrung und
2. am Wert des zu schützenden Rechtsgutes.

Dadurch, dass die Wahrscheinlichkeit auch am Wert des zu schützenden Rechtsgutes beurteilt wird, ergibt sich die sog. **Je-desto-Regel:** Je geringwertiger das zu schützende Rechtsgut und der zu erwartende Schaden, desto höher sind die Anforderungen an die Wahrscheinlichkeit. Umgekehrt gilt, dass je höher das zu schützende Rechtsgut und der zu erwartende Schaden sind, desto geringer sind die Anforderungen an die Wahrscheinlichkeit.

Beispiele:
- *Leben und Gesundheit sind hochwertige Schutzgüter der öffentlichen Sicherheit. Wenn diese betroffen sind, dann ist an die Wahrscheinlichkeit keine allzu große Anforderung zu stellen. Allerdings ist auch hier der Eingriff nicht möglich, wenn es sich um eine bloße entfernt liegende Möglichkeit handelt.*
- *Ist ein geringwertiges Schutzgut wie z. B. die Ehre betroffen, dann müssen hohe Anforderungen an die Wahrscheinlichkeit gestellt werden. Nicht gefordert ist aber, dass die Gewissheit des Schadenseintritts besteht.*

4.3.3 In absehbarer Zeit

Der Schaden für die öffentliche Sicherheit oder die öffentliche Ordnung muss mit hinreichender Wahrscheinlichkeit **in absehbarer Zeit** eintreten. Das bedeutet nicht, dass der Schadenseintritt unmittelbar bevorstehen muss. Aber ein irgendwann in ferner Zukunft liegender Zeitpunkt ist nicht ausreichend.

Beispiel:
In Nordrhein-Westfalen ist durch das Nichtraucherschutzgesetz das Rauchen in Gaststätten verboten worden, bis zum Erlass dieses Gesetzes im Jahre 2008 war es erlaubt. Das Rauchen in Gaststätten ist durch das sog. Passivrauchen auch für nichtrauchende Gäste gesundheitsschädlich. Die öffentliche Sicherheit ist daher durch das Schutzgut der Gesundheit betroffen. Allerdings liegt keine Gefahr im ordnungsrechtlichen Sinne vor, da die Gesundheitsschäden nicht in absehbarer Zeit, sondern erst nach vielen Jahren bzw. Jahrzehnten eintreten. Deswegen konnte das Rauchen in Gaststätten vor dem Jahre 2008 nicht durch die Ordnungsbehörden untersagt werden.

4.3.4 Konkrete und abstrakte Gefahr

§ 14 Abs. 1 OBG spricht von einer „im einzelnen Falle bestehenden Gefahr". Diese im einzelnen Falle bestehende Gefahr ist die sog. **konkrete Gefahr**. Eine konkrete Gefahr liegt immer dann vor, wenn die Gefahr in der Wirklichkeit existiert.

Das Gegenteil von der konkreten Gefahr ist die sog. **abstrakte Gefahr**. Die abstrakte Gefahr existiert nicht in der Wirklichkeit, sondern ist gedanklich gebildet, indem ein bestimmter Zustand oder ein bestimmtes Verhalten losgelöst vom konkreten Einzelfall betrachtet wird.

Beispiele:
- *Autofahren an sich ist abstrakt gefährlich, da es losgelöst vom konkreten Einzelfall grundsätzlich zu Unfällen kommen kann.*
- *Fährt aber tatsächlich jemand bei Rot über die Ampel, liegt eine konkrete Gefahr vor.*

Eine abstrakte Gefahr ist keine Gefahr im Sinne des § 14 Abs. 1 OBG und ermächtigt daher auch nicht zu entsprechendem Handeln. Allerdings kann aufgrund einer abstrakten Gefahr nach §§ 25 ff. OBG eine ordnungsbehördliche Verordnung erlassen werden (siehe Kapitel 7.3).

Beispiel:
Um mögliche Gefahren durch unangeleinte Hunde zu unterbinden, haben Gemeinden teilweise durch ordnungsbehördliche Verordnung geregelt, dass Hunde auf öffentlichen Straßen, Wegen und Plätzen sowie entlang von bebauten und unbebauten Grundstücken, die innerhalb der geschlossenen Ortslage liegen, anzuleinen sind.

4.3.5 Die objektive Gefahrenlage

Die Beurteilung der Gefahr erfordert eine Zukunftsprognose. Die gegenwärtige Situation muss analysiert und die weitere Entwicklung beurteilt werden. Diese Prognose kann logischerweise immer nur aus der aktuellen Sicht zum Zeitpunkt des möglichen Einschreitens getroffen werden. Rückwirkend betrachtet kann es aber durchaus vorkommen, dass die Zukunftsprognose falsch war oder aber die weitere Entwicklung anders beurteilt wurde, als sie tatsächlich verlaufen ist.

War die Zukunftsprognose objektiv richtig, aber die Entwicklung ist anders verlaufen als gedacht, hat dieses keinen Einfluss auf die Rechtmäßigkeit der getroffenen Maßnahmen.

Beispiel:
Im Frühjahr steigt der Pegel des Rheins aufgrund der Schneeschmelze außerordentlich stark an. Als jetzt auch noch heftige und langanhaltende Regenfälle hinzukommen, wird von den Experten ein Jahrhunderthochwasser erwartet. Auch die Düsseldorfer Altstadt soll überflutet werden. Die Stadt Düsseldorf lässt die Altstadt deshalb evakuieren.
Wenn sich die Großwetterlage jetzt unerwartet ändert und die Altstadt nicht überschwemmt wird, weil die Regenfälle unvorhergesehen schwächer werden und schließlich ganz aufhören, so war die Evakuierung trotzdem richtig und rechtmäßig.

Etwas anderes gilt jedoch, wenn sich im Nachhinein herausstellt, dass die Zukunftsprognose objektiv falsch war und tatsächlich gar keine Gefahr vorhanden war. Hierbei muss unterschieden werden zwischen der Anscheinsgefahr und der Putativgefahr.

Von einer **Anscheinsgefahr** spricht man, wenn ein Zustand oder eine Sachlage unter Berücksichtigung der in der konkreten Situation zumutbaren bzw. angemessenen Ermittlungen objektiv gefährlich erscheint, es aber tatsächlich nicht ist. Bei der Beurteilung, ob eine Sachlage objektiv gefährlich erscheint, ist auf die Sichtweise eines objektiven Beobachters abzustellen.

Beispiel:
Der Polizist Bert Blau beobachtet bei seinem Streifgang, wie ein Mann auf den Balkon einer Erdgeschosswohnung klettert und über die offen stehende Balkontür in die Wohnung eindringt. Er ruft über Funk Verstärkung. Als mehrere Streifenwagen eingetroffen sind, sichert die Polizei den Balkon sowie die Wohnungstür ab und fordert den Mann auf, die Wohnung zu verlassen. Es stellt sich schließlich heraus, dass der Mann der Mieter der Wohnung und ihm beim Gang zum Briefkasten die Haustür ins Schloss gefallen ist.

Bei einer Anscheinsgefahr sind ordnungsbehördliche Maßnahmen solange zulässig, wie der Anschein der Gefahr besteht. Sobald deutlich wird, dass tatsächlich keine Gefahr besteht, müssen die Maßnahmen abgebrochen werden.

Hingegen spricht man von einer **Putativgefahr**, wenn die Annahme der Gefahr nicht auf einer objektiven Betrachtung, sondern auf einer subjektiven Fehleinschätzung der handelnden Person beruht. Diese Fehleinschätzung kann z. B. darauf basieren, dass der Sachverhalt unzureichend aufgeklärt wurde oder aus den gewonnenen Erkenntnissen die falschen Schlussfolgerungen gezogen wurden. Auch hier muss darauf abgestellt werden, wie ein objektiver Beobachter die Situation bewertet hätte.

Beispiel:
Bert Blau ist froh, dass sich die Sache zum Guten gewendet hat. Denn wenn tatsächlich ein Einbruch vorgelegen hätte, hätte ihm das viel Schreibarbeit eingebrockt. Frohen Mutes setzt er also seinen Streifgang fort. Drei Straßen weiter beobachtet er schließlich, wie zwei Männer in Streit geraten. Der Streit wird immer heftiger und einer der beiden Männer zieht plötzlich ein Messer aus der Tasche, bedroht sein Gegenüber damit und macht schließlich Anstalten zuzustechen. Bert Blau greift ein und überwältigt den Messerträger von hinten. Dabei übersieht er, dass es sich hierbei um Filmaufnahmen handelt. Die Kameras hat er ebenso wenig wahrgenommen wie die Scheinwerfer und das Schild, mit dem auf die Dreharbeiten hingewiesen wurde.

Eine Putativgefahr rechtfertigt keine Gefahrenabwehrmaßnahmen. Sollten doch welche ergriffen werden, sind diese rechtswidrig.

4.3.6 Gesteigerte Gefahrenbegriffe

Einige spezialgesetzliche Vorschriften stellen an die konkrete Gefahr weitere Anforderungen, die sich auf die zeitliche Nähe des Schadenseintritts oder aber auf die Schwere des Schadens beziehen. Dadurch ergeben sich gesteigerte Gefahrenbegriffe, die im Folgenden dargestellt werden.

a) Die gegenwärtige Gefahr

Eine **gegenwärtige Gefahr** liegt vor, wenn die Einwirkung des schädigenden Ereignisses bereits begonnen hat oder diese Einwirkung unmittelbar oder in allernächster Zeit mit der erforderlichen Wahrscheinlichkeit bevorsteht.

Eine gegenwärtige Gefahr ist beispielsweise Voraussetzung für die Anwendung des sofortigen Vollzugs nach § 55 Abs. 2 VwVG (siehe Kapitel 8.2.2). Ebenfalls wird die gegenwärtige Gefahr als Voraussetzung für die Sicherstellung von Sachen nach § 43 Nr. 1 PolG gefordert. Durch die Regelung des § 24 Abs. 1 Nr. 12 OBG kann eine Sicherstellung nicht nur durch die Polizei, sondern auch durch die Ordnungsbehörde erfolgen.

Beispiel:
Im Falle des in Aachen sichergestellten Ferraris aus Kapitel 4 liegt eine gegenwärtige Gefahr vor.

b) Die gegenwärtige erhebliche Gefahr

Eine gegenwärtige Gefahr ist **erheblich**, wenn sie einem bedeutsamen Rechtsgut droht. Bedeutsame Rechtsgüter sind insbesondere Leben, Gesundheit, Freiheit und wichtige öffentliche Einrichtungen.

Beispiel:
Während eines strengen Winters, bei dem die Temperaturen mehrere Tage -10°C nicht überschritten haben, haben sich an mehreren Häusern in der belebten Dortmunder Fußgängerzone teilweise armdicke Eiszapfen an den Regenrinnen gebildet. Durch einen Wetterumschwung setzt plötzlich Tauwetter ein.

Eine gegenwärtige erhebliche Gefahr wird beispielsweise von § 19 Abs. 1 OBG als eine von mehreren Voraussetzungen dafür gefordert, dass ein Nichtstörer von der Ordnungsbehörde zur Gefahrenbeseitigung in Anspruch genommen werden darf (siehe Kapitel 6.5).

c) Gefahr im Verzug

Die **Gefahr im Verzug** ist praktisch identisch mit der gegenwärtigen Gefahr. Der Begriff wird vom Gesetzgeber aber immer dann verwendet, wenn die Einhaltung des normalen Verfahrens einen so großen Zeitverzug mit sich bringen würde, dass sich die Gefahr bis dahin realisiert hätte. Bei Gefahr im Verzug darf dann aufgrund besonderer rechtlicher Regelungen das Verfahren verkürzt bzw. geändert werden und entweder nach § 6 Abs. 1 OBG eine an sich unzuständige Behörde handeln (siehe Kapitel 3.5 und die dortigen Fallbeispiele) oder aber nach § 20 Abs. 1 Satz 2 OBG die Ordnungsverfügung ausnahmsweise mündlich statt schriftlich ergehen (siehe Kapitel 7.1.1.2).

Ferner kann bei Gefahr im Verzug nach § 28 Abs. 2 Nr. 1 VwVfG vor Erlass der Ordnungsverfügung von der Anhörung abgesehen werden.

d) Gefahr für Leib und Leben

Unter einer **Gefahr für Leib und Leben** versteht man eine Sachlage, bei der eine nicht nur leichte Körperverletzung oder der Tod einer Person einzutreten droht. Die Gefahr für Leib und Leben ist beispielsweise Voraussetzung für die Durchsuchung von Personen nach § 39 Abs. 2 und 3 PolG, der durch § 24 Abs. 1 Nr. 12 OBG auch für die Ordnungsbehörden gilt.

e) Die dringende Gefahr

Eine **dringende Gefahr** ist eine Gefahr für ein wichtiges Rechtsgut. Sie ist somit identisch mit der erheblichen Gefahr. Nach § 41 Abs. 3 PolG ist sie Voraussetzung für das Betreten von Wohnungen. Auch § 41 PolG gehört nach § 24 Abs. 1 Nr. 12 OBG zu den Standardmaßnahmen, die auch für die Ordnungsbehörden gelten.

4.3.7 Die Störung

Von einer **Störung** spricht man, wenn sich die Gefahr realisiert hat und der Schaden eingetreten ist. Wenn von einer eingetretenen Störung eine fortwirkende Gefährdung ausgeht, dann darf die Ordnungsbehörde die Störung beseitigen.

Beispiel:
Rudi Rüpel hat sein Auto im absoluten Halteverbot abgestellt und damit gegen die StVO verstoßen. Die StVO ist Teil der geschriebenen Rechtsordnung, daher ist die öffentliche Sicherheit betroffen. Der Rechtsverstoß droht jedoch nicht einzutreten, sondern er ist bereits eingetreten. Deswegen liegt eine Störung vor. Solange sich das Auto von Rudi Rüpel im absoluten Halteverbot befindet, bleibt der Rechtsverstoß auch bestehen. Von solchen anhaltenden Rechtsverstößen geht eine in die Zukunft wirkende Gefahr aus. Deshalb sind ordnungsbehördliche Maßnahmen, z. B. ein Wegfahrgebot an Rüpel, sofern er anwesend ist, möglich.
Fährt Rudi Rüpel das Auto fort, ist die Störungssituation beendet und es wirkt keine Gefahr mehr fort. Ordnungsbehördliche Maßnahmen können dann im Nachhinein nicht mehr getroffen werden. Möglich ist es jedoch, den Gesetzesverstoß mit einem Bußgeld zu ahnden.

Von einer eingetretenen Störung geht jedoch nicht immer eine weitere Gefahr aus. Dann sind ordnungsbehördliche Maßnahmen nicht möglich.

Beispiel:
Martin Müde hat morgens etwas verschlafen und es deshalb auf dem Weg zur Arbeit etwas eilig. Weil weit und breit kein Auto zu sehen ist, überquert er schnellen Schrittes eine für ihn rote Fußgängerampel und erreicht dadurch noch gerade so seine Straßenbahn.
Der Schaden für die öffentliche Sicherheit (Verstoß gegen die StVO) ist eingetreten. Es handelt sich jedoch um einen einmaligen, nicht andauernden Rechtsverstoß. Von der eingetretenen Störung geht daher keine weitere Gefahr aus.

5 ERMESSEN UND VERHÄLTNISMÄẞIGKEIT

Liegt eine Gefahr für die öffentliche Sicherheit oder Ordnung vor, so heißt das noch nicht, dass die zuständige Behörde auch zum Handeln verpflichtet ist und einschreiten muss. Vielmehr räumt die Generalklausel des § 14 Abs. 1 OBG der Ordnungsbehörde in doppelter Hinsicht ein **Ermessen** ein, denn sie enthält sowohl ein Entschließungs- als auch ein Auswahlermessen.

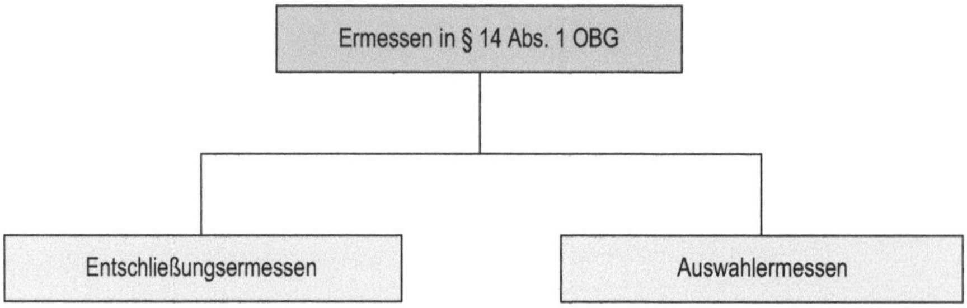

Viele Spezialgesetze und auch die polizeilichen Standardmaßnahmen, die teilweise über § 24 Abs. 1 OBG auch von den Ordnungsbehörden angewendet werden können, räumen der Polizei bzw. der Ordnungsbehörde im Regelfall ein Ermessen ein.

5.1 DAS ENTSCHLIEẞUNGSERMESSEN

Das **Entschließungsermessen** betrifft die Frage, ob die Ordnungsbehörde eingreift. Am Wortlaut der Generalklausel wird dieses Entschließungsermessen durch das Wort „kann" deutlich. Wenn eine Gefahr für die öffentliche Sicherheit oder Ordnung vorliegt, dann <u>kann</u> die Ordnungsbehörde nach § 14 Abs. 1 OBG die notwendigen Maßnahmen treffen.

Es sind Fälle denkbar, in denen trotz Vorliegens einer Gefahr für die öffentliche Sicherheit oder Ordnung das Entschließungsermessen dahingehend ausgeübt wird, dass nicht eingeschritten wird. Dieses geschieht beispielsweise, um eine Eskalation von Gewalt zu vermeiden.

Beispiel:
In Bielefeld feiern Hunderte von Fußballfans nach einem Heimsieg am 32. Spieltag den frühzeitigen Aufstieg in die 1. Liga. Hierbei kommt es zu gefährlichen Verkehrsbehinderungen.
Man könnte versuchen, diese gefährlichen Verkehrsbehinderungen durch das Erteilen von Platzverweisen nach § 34 Abs. 1 PolG (wenn die Polizei sie ausspricht) oder nach § 24 Abs. 1 Nr. 12 i. V. m. § 34 Abs. 1 PolG (wenn die Ordnungsbehörde sie ausspricht) aufzulösen. Ein entsprechendes Vorgehen von Polizei oder Ordnungsbehörde könnte jedoch dazu führen, dass die bisher friedlich verlaufene Feier in gewalttätige Ausschreitungen umschlägt. Dieses gilt umso mehr, wenn die ausgesprochenen Platzverweise mit Zwang durchgesetzt würden. Das Entschließungsermessen wird daher so ausgeübt, dass vom Aussprechen von Platzverweisen abgesehen und stattdessen der Verkehr vorübergehend umgeleitet wird.

In der Mehrheit der Fälle dürfte das Ausüben des Entschließungsermessens aber dazu führen, dass gehandelt wird.

Beispiel:
In der Essener Innenstadt wird bei Bauarbeiten eine Zehn-Zentner-Bombe aus dem Zweiten Weltkrieg gefunden, die nicht explodiert ist (sog. Blindgänger). Die Ordnungsbehörde wird ihr Entschließungsermessen dahingehend ausüben, dass sie sich zum Eingreifen entscheidet und damit die von der Bombe ausgehende Gefahr beseitigt.

5.2 DAS AUSWAHLERMESSEN

Wenn sich die Ordnungsbehörde nach Ausüben des Entschließungsermessens zu einem Einschreiten entschlossen hat, muss sie als Nächstes ihr **Auswahlermessen** ausüben. Das Auswahlermessen betrifft das „Wie" des Einschreitens. Am Wortlaut der Generalklausel wird das Auswahlermessen dadurch zum Ausdruck gebracht, dass die Ordnungsbehörde bei Vorliegen einer Gefahr für die öffentliche Sicherheit oder Ordnung die notwendigen Maßnahmen treffen kann. Es wird vom Gesetzgeber also keine Maßnahme zur Gefahrenabwehr vorgegeben, sondern die Ordnungsbehörde darf sowohl Art als auch Umfang der Gefahrenabwehrmaßnahme im jeweiligen Einzelfall selbst bestimmen.

Beispiel:
In Bad Salzuflen demonstrieren an einem kalten Februarsamstag mit Temperaturen um den Gefrierpunkt Verschwörungstheoretiker, Impfgegner, Reichsbürger und Rechtspopulisten. Die Demonstration startet vor dem neuen Rathaus und zieht von dort zum Salzhof, wo eine Kundgebung geplant ist. Die Journalisten, die von der Demonstration berichten, werden als „Lügenpresse" diffamiert. Als auf dem Salzhof ein Kamerateam einzelne Demonstranten zu ihren Ansichten befragt, eskaliert die Situation. Die Journalisten werden angegriffen, die Kameras werden ihnen entrissen und es wird auf sie eingeprügelt. Die Polizei löst die Demonstration daraufhin auf, um weitere Gewaltanwendungen zu verhindern. Der Aufforderung, den Salzhof zu verlassen, kommen die Demonstranten nicht nach und drohen sowohl den noch anwesenden Journalisten als auch der Polizei.
Die Polizei kann nunmehr Wasserwerfer gegen die Demonstranten einsetzen oder ein leichtes Reizgas sprühen, um sie vom Salzhof zu vertreiben.

Auch durch spezialgesetzliche Ermächtigungsgrundlagen kann der Ordnungsbehörde ein Auswahlermessen eingeräumt worden sein. So bestimmt beispielsweise § 22 StrWG, dass bei Benutzung einer Straße ohne die erforderliche Erlaubnis die für die Erteilung einer Sondernutzungserlaubnis zuständige Behörde die erforderlichen Maßnahmen zur Beendigung der Benutzung anordnen kann.

5.3 DIE RICHTIGE ERMESSENAUSÜBUNG

Ermessen bedeutet nicht, dass die Ordnungsbehörde in ihrer Entscheidung vollkommen frei ist oder gar willkürlich handeln darf. Vielmehr muss sie im Rahmen der Ermessensausübung das Für und Wider einer Entscheidung berücksichtigen und dabei sowohl die Interessen des Betroffen als auch die der Allgemeinheit gegeneinander abwägen.

§ 16 OBG bestimmt, dass die Ordnungsbehörde ihr Ermessen pflichtgemäß ausüben muss. Zur pflichtgemäßen Ermessensausübung gehört nach § 40 VwVfG, dass die Behörde ihr Ermessen entsprechend dem Zweck der Ermächtigung auszuüben hat und die gesetzlichen Grenzen des Ermessens einhalten muss.

Im Rahmen der pflichtgemäßen Ermessensausübung muss die Behörde also drei Dinge beachten:

1. sie hat ihr Ermessen auszuüben,
2. sie muss das Ermessen entsprechend dem Zweck der Ermächtigung ausüben und
3. sie muss die gesetzlichen Grenzen des Ermessens einhalten.

Somit gibt es drei mögliche Fehlerquellen, die zu sog. **Ermessensfehlern** führen können. Diese Fehler werden als Ermessensnichtgebrauch, Ermessensfehlgebrauch und Ermessensüberschreitung bezeichnet.

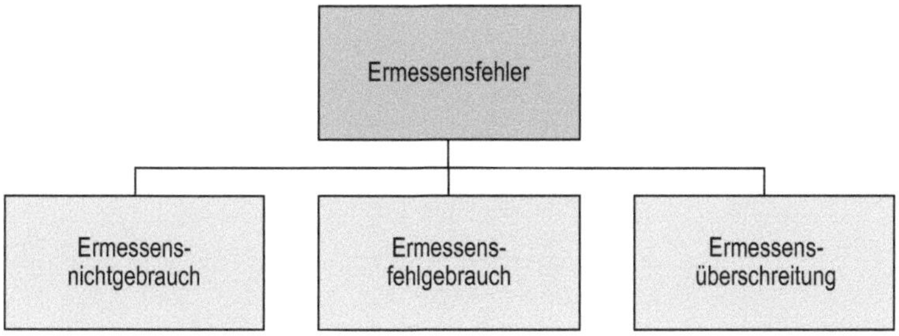

5.3.1 Ermessensnichtgebrauch

Es ist der Behörde nicht möglich, auf ein eingeräumtes Ermessen zu verzichten. Deshalb spricht man von **Ermessensnichtgebrauch**, wenn die Behörde von dem ihr zustehenden Ermessen keinen Gebrauch macht, etwa aus Nachlässigkeit oder weil sie irrtümlicherweise annahm, es handele sich um eine gebundene Entscheidung und sie sei zum Handeln verpflichtet.

Beispiel:
Der Bürgermeister der Stadt Warendorf widerruft die Paul Pinte erteilte Gaststättenerlaubnis. In der Begründung des Bescheids führt die Behörde aus, dass die Erlaubnis gem. § 15 Abs. 3 Nr. 1 GastG widerrufen werden müsse, weil Pinte den Gaststättenbetrieb um nicht zugelassene Räume erweitert habe.
Der Bürgermeister der Stadt Warendorf ist hier von einer gebundenen Entscheidung ausgegangen. Tatsächlich räumt § 15 Abs. 3 GastG der Behörde aber Ermessen ein, denn in den dort genannten Fällen kann die Erlaubnis widerrufen werden.

Dass die Ordnungsbehörde von dem ihr zustehenden Ermessen keinen Gebrauch gemacht hat, zeigt sich in schriftlichen Bescheiden im Regelfall daran, dass die Begründung keine Ausführungen zu der Ermessensabwägung der Ordnungsbehörde enthält (vgl. § 39 Abs. 1 Satz 3 VwVfG). Auch deuten Formulierungen wie „es blieb mir daher keine andere Wahl" oder „ich musste daher" darauf hin, dass die Behörde ihren Ermessensspielraum übersehen haben könnte.

5.3.2 Ermessensfehlgebrauch

Von **Ermessensfehlgebrauch** spricht man, wenn sich die Behörde bei der Ermessensausübung nicht ausschließlich vom Zweck der Ermessensvorschrift leiten lässt.

Diese Voraussetzung ist immer dann erfüllt, wenn die Behörde das Ermessen fehlgewichtet, sie einen sachlich falschen Zweck verfolgt oder von einem unzutreffenden oder unvollständigen Sachverhalt ausgeht.

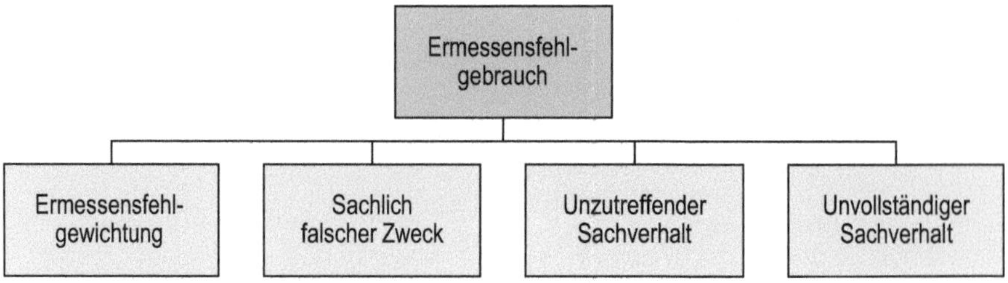

5.3.2.1 Ermessensfehlgewichtung

Ermessensfehlgewichtung bedeutet, dass im Rahmen der Ermessensausübung die verschiedenen, meist gegensätzlichen Interessen nicht richtig gewichtet wurden.

Beispiel:
Paul Platz wohnt in Mönchengladbach in einer Straße mit immensem Parkdruck. Um sich abends eine lange Parkplatzsuche zu ersparen, markiert er sich unmittelbar auf der öffentlichen Straße vor seinem Haus mit weißer Farbe einen Parkplatz. Zusätzlich stellt er auf dem Bürgersteig ein Parkplatzschild (VZ 314) mit dem Zusatz „reserviert für MG – PP 111" auf. Nachbarn melden den Vorfall der zuständigen Behörde.
Die Behörde muss hier die Interessen von Paul Platz mit den Interessen der Allgemeinheit abwägen. Paul Platz hat das Interesse, den rechtswidrig reservierten Parkplatz beizubehalten. Die Allgemeinheit hingegen hat das Interesse, dass öffentliches Straßenland von allen genutzt werden kann und die illegale Reservierung beendet wird.
Sollte die Behörde hier die Interessen des Paul Platz höher bewerten als die der Allgemeinheit, wäre das Entschließungsermessen fehlgewichtet und deswegen fehlerhaft ausgeübt.

5.3.2.2 Sachlich falscher Zweck

Die Ordnungsbehörde darf im Rahmen ihrer Ermessensausübung im Regelfall nicht die gesamten öffentlichen Interessen verfolgen, sondern nur diejenigen, die von der jeweiligen Rechtsnorm erfasst werden. Orientiert sie sich nicht ausschließlich am Zweck der Ermächtigungsgrundlage, verfolgt sie einen **sachlich falschen Zweck** und handelt somit ermessensfehlerhaft.

Beispiel:
Rudi Ratlos beabsichtigt, in der Fußgängerzone der Stadt Dortmund einen Zeitschriftenstand aufzustellen und Presseerzeugnisse zu verkaufen. Die nach § 18 StrWG notwendige Sondernutzungserlaubnis wird mit der Auflage versehen, dass aus Gründen des Jugendschutzes keine pornografischen Schriften verkauft werden dürfen.
Die Sondernutzungserlaubnis kann nach § 18 Abs. 2 Satz 2 StrWG u. a. mit Auflagen versehen werden. Wegen des Sinn und Zwecks des StrWG müssen diese Auflagen aber einen sachlichen Bezug zur Straße haben. Dazu gehören beispielsweise Belange der Straßenbaulast, die Sicherheit und Leichtigkeit des Verkehrs sowie Aspekte des Straßen- und Stadtbildes. Der Jugendschutz hingegen hat keinen sachlichen Bezug zur Straße und wird daher auch nicht von der Ermächtigungsgrundlage des § 18 StrWG erfasst. Der Jugendschutz steht zwar auch im öffentlichen Interesse, muss aber mit dem Jugendschutzgesetz und den angrenzenden Rechtsnormen verfolgt werden. Die Auflage ist daher wegen eines sachlich falschen Zwecks rechtswidrig.

Ein sachlich falscher Zweck wird auch dann verfolgt, wenn eine Entscheidung willkürlich getroffen wird. Diese sog. **Ermessenswillkür** liegt insbesondere dann vor, wenn private Interessen in die Entscheidung einfließen oder Freundschaft, Feindschaft bzw. Abneigung dem Betroffenen gegenüber berücksichtigt werden.

Beispiel:
Die Politesse Erika Emsig überwacht den ruhenden Straßenverkehr und notiert Falschparker. Ebenfalls veranlasst sie das Abschleppen von Fahrzeugen, von denen eine große Gefahr ausgeht. Als sie bemerkt, dass es sich bei dem PKW, der die Feuerwehrzufahrt blockiert, um den Wagen ihrer besten Freundin handelt, drückt sie beide Augen zu und ergreift keine ordnungsbehördlichen Maßnahmen.

5.3.2.3 Unzutreffender Sachverhalt

Die Ordnungsbehörde muss ihre Maßnahmen auf einen zutreffenden Sachverhalt stützen. Eine auf einem **unzutreffenden Sachverhalt** basierende Ermessensentscheidung ist rechtswidrig.

5.3.2.4 Unvollständiger Sachverhalt

Auch ein **unvollständiger Sachverhalt** kann zu einer fehlerhaften Ermessensabwägung führen. Wenn wesentliche Gründe im Rahmen der Ermessensabwägung nicht berücksichtigt werden, ist das Ergebnis fehlerhaft.

5.3.3 Ermessensüberschreitung

Eine **Ermessensüberschreitung** liegt vor, wenn die Behörde die gesetzlichen Grenzen des Ermessens nicht eingehalten hat. Durch die Nichtbeachtung der gesetzlichen Grenzen liegt die Rechtsfolge nicht mehr im Rahmen der Ermessensvorschrift und ist rechtswidrig.

Die gesetzlichen Grenzen des Ermessens können sich einmal aus dem Gesetz selbst ergeben.

Beispiel:
Hubert Hirsch wird die Ausstellung des Jagdscheines verweigert. Für die Versagung wird eine Verwaltungsgebühr in Höhe von 200 EUR festgesetzt.
Gem. Tarifstelle 8.3.2.10 des Allgemeinen Gebührentarifs zur Allgemeinen Verwaltungsgebührenordnung NRW kann für die Versagung des Jagdscheins eine Gebühr von 50 bis 150 EUR erhoben werden. Die von der Behörde erhobene Gebühr bewegt sich aber außerhalb des vom Gesetz vorgegeben Rahmens. Deshalb liegt hier eine Ermessensüberschreitung vor und die Festsetzung der Gebühr ist rechtswidrig.

Weitere gesetzliche Grenzen des Ermessens sind das Prinzip der Verhältnismäßigkeit (siehe Kapitel 5.5) und die Grundrechte.

5.4 ERMESSENSREDUZIERUNG AUF NULL

Es sind Fälle denkbar, in denen von mehreren möglichen Entscheidungen nur eine einzige nicht ermessensfehlerhaft wäre. Man spricht dann von einer **Ermessensreduzierung auf Null**. Die Ordnungsbehörde muss diese eine Entscheidung dann treffen.

Eine Ermessensreduzierung auf Null betrifft in den meisten Fällen das Entschließungsermessen, hingegen nur selten das Auswahlermessen.

Beispiel:
Im obigen Beispielsfall mit der Bombe in der Essener Innenstadt (siehe Kapitel 5.1) hätte man auch die Möglichkeit, die Bombe nicht zu entschärfen, sondern sie unverändert zu lassen und darauf zu hoffen, dass sie in Zukunft auch weiterhin nicht explodiert. In Anbetracht der von ihr ausgehenden immensen Gefahr für Leben und Gesundheit ist aber nur die Entscheidung zum Eingreifen fehlerfrei.

5.5 DAS PRINZIP DER VERHÄLTNISMÄẞIGKEIT

Das **Prinzip der Verhältnismäßigkeit** ergibt sich aus dem Rechtsstaatsprinzip nach Art. 20 Abs. 3 GG. Es ist darüber hinaus auch in § 15 OBG erwähnt. Dieses hat jedoch einen rein deklaratorischen Charakter, es würde auch ohne die gesonderte Erwähnung in § 15 OBG gelten und beachtet werden müssen.

Eine ordnungsbehördliche Maßnahme ist immer dann verhältnismäßig, wenn sie einen legitimen Zweck verfolgt und darüber hinaus geeignet, erforderlich und angemessen ist.

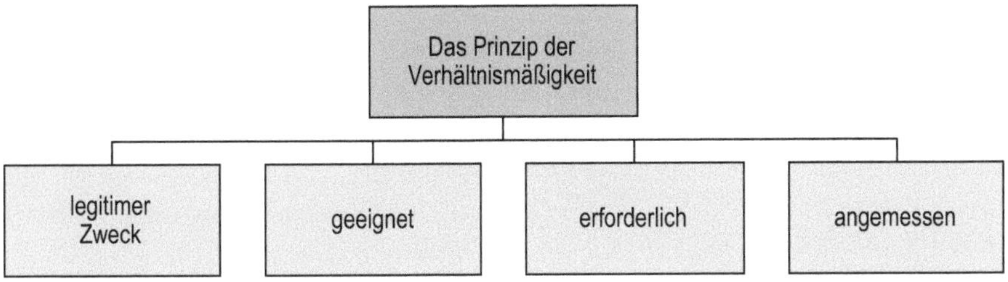

5.5.1 Der legitime Zweck

Die Ordnungsbehörden dürfen nur einen **legitimen Zweck** verfolgen. Dieser legitime Zweck ist die Gefahrenabwehr, sodass dieses Kriterium im Regelfall vollkommen unproblematisch ist.

5.5.2 Die Geeignetheit

Eine Maßnahme ist dann **geeignet**, wenn der mit ihr verfolgte Zweck erreicht oder zumindest gefördert wird. Im Recht der Gefahrenabwehr ist der verfolgte Zweck immer die Abwehr von Gefahren für die öffentliche Sicherheit oder Ordnung.

Beispiel:
Karl Köter ist Eigentümer eines bissigen Schäferhunds, der schon mehrfach Personen, insbesondere Kinder, angefallen und gebissen hat. Die Ordnungsbehörde gibt ihm daher auf, dem Hund ein Warnglöckchen umzuhängen.
Diese Maßnahme ist nicht geeignet, die von dem Hund ausgehende Gefahr zu beseitigen. Sie verstößt daher gegen das Prinzip der Verhältnismäßigkeit.

5.5.3 Die Erforderlichkeit

Erforderlich ist eine Maßnahme, wenn keine anderen geeigneten Mittel zur Verfügung stehen, die den Betroffenen oder die Allgemeinheit voraussichtlich weniger beeinträchtigen. Dass eine ordnungsbehördliche Maßnahme erforderlich sein muss, ergibt sich auch aus § 15 Abs. 1 OBG.

Beispiel:
Nachdem der Ordnungsbehörde aufgefallen ist, dass das Warnglöckchen ein ungeeignetes Mittel ist, gibt sie Karl Köter stattdessen auf, den Hund einschläfern zu lassen.
Wenn der Hund eingeschläfert ist, kann er keine Personen mehr anfallen und beißen. Die Maßnahme ist daher geeignet. Allerdings würde die Anordnung, den Hund außerhalb des eigenen Grundstücks nur noch mit einem Maulkorb und an einer reißfesten, maximal 1,50 m langen Leine auszuführen, zum gleichen Ziel führen. Diese Anordnung wäre daher genauso geeignet, beeinträchtigt Karl Köter aber weniger. Die Tötung des Hundes ist daher nicht erforderlich und folglich auch nicht verhältnismäßig.

Eine ordnungsbehördliche Maßnahme ist aber auch dann nicht erforderlich, wenn sie länger andauert, als es zur Erreichung des Zwecks notwendig wäre. Dieses ergibt sich auch aus § 15 Abs. 3 OBG.

Beispiel:
Susi Sorglos kann nicht mit Geld umgehen. Sie bestellt jeden Tag Ware im Internet – mal ein neues Handy, mal teure Schönheitscremes und jede Menge teure Markenklamotten. Die Rechnungen bezahlt sie größtenteils nicht und reagiert meistens auch nicht auf Mahnungen. Als eines Tages der Druck der Gläubiger zu groß wird, bezahlt sie einen Teil der offenen Beträge mit dem Geld, was sie eigentlich für die Miete vorgesehen hat. Durch dieses Vorgehen schafft sie sich aber ein viel immenseres Problem, denn als sie zwei Monate hintereinander die Miete nicht gezahlt hat, wird ihr fristlos gekündigt. Als eines Tages die Zwangsräumung ansteht, wird sie, da in den städtischen Wohnheimen aktuell kein Zimmer mehr frei ist und auch alle Hotels belegt sind, zur Vermeidung von Obdachlosigkeit unbefristet in ihre bisherige Wohnung eingewiesen.
Zur Vermeidung der Obdachlosigkeit hätte Susi Sorglos nicht unbefristet in ihre bisherige Wohnung eingewiesen werden müssen. Es wäre ausreichend gewesen, diese Einweisung auf maximal drei Monate zu befristen. In diesen drei Monaten hätte die Behörde dann genug Zeit gehabt, um nach anderen Unterbringungsmöglichkeiten für Susi Sorglos zu suchen. Die unbefristete Einweisung ist daher nicht erforderlich und damit unverhältnismäßig.

5.5.4 Die Angemessenheit

Angemessen ist eine Maßnahme dann, wenn der mit ihr verbundene Nachteil nicht erkennbar außer Verhältnis zum erstrebten Erfolg steht. Bildlich gesprochen darf nicht „mit Kanonen auf Spatzen geschossen" werden. Dass eine ordnungsbehördliche Maßnahme angemessen sein muss, ergibt sich auch aus § 15 Abs. 2 OBG.

Beispiel:
Der Baukontrolleur Pingelig stellt bei der Rohbauabnahme fest, dass die vorgeschriebenen Abstandsflächen unterschritten wurden und das Haus 5 cm zu nah an der Grundstückgrenze steht. Die Bauaufsichtsbehörde gibt dem Bauherrn Max Mörtel daraufhin auf, das Haus abzureißen.
Der Abriss des Hauses ist ein geeignetes Mittel, denn durch den Abriss wird wieder ein rechtskonformer Zustand hergestellt. Auch ist der Abriss erforderlich, denn es gibt keine anderen geeigneten Mittel, mit denen der vorgeschriebene Abstand zur Grundstücksgrenze wiederhergestellt werden könnte. Allerdings ist der Abriss nicht angemessen, weil er auf der einen Seite gravierende Nachteile für Max Mörtel mit sich bringt, auf der anderen Seite aber ein Unterschreiten der Abstandsfläche um nur 5 cm keine spürbaren Beeinträchtigungen für die Nachbarn bedeuten.

5.6 DER AUSTAUSCH DER MITTEL

Eng verbunden mit dem Prinzip der Verhältnismäßigkeit ist die Möglichkeit des **Austauschs der Mittel** nach § 21 Satz 2 und 3 OBG. Im Wege dieses Mitteltauschs kann die betroffene Person der Ordnungsbehörde ein Austauschmittel anbieten, das genauso wirksam ist wie das von der Ordnungsbehörde verfügte Mittel.

Der Mitteltausch ist an zwei formelle Voraussetzungen geknüpft. Zum einen darf die Allgemeinheit durch das angebotene Mittel nicht stärker beeinträchtigt sein als durch das von der Ordnungsbehörde verfügte Mittel. Ferner kann der Austausch der Mittel nur bis zum Ablauf der Frist gestellt werden, den die Ordnungsbehörde für die Ausführung gesetzt hat. Wurde keine Frist gesetzt, kann der Antrag bis zum Ablauf der Klagefrist gestellt werden.

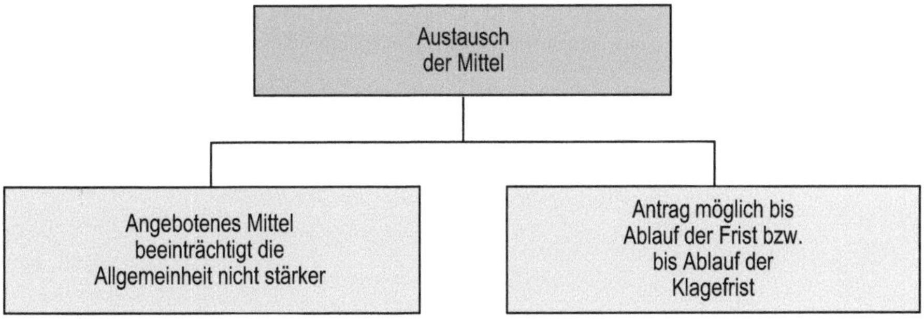

Ein Ermessen steht der Ordnungsbehörde nicht zu. Wenn die o.g. Voraussetzungen erfüllt sind, muss sie das Austauschmittel gestatten. Da der Mittelaustausch beantragt wird, kann die Behörde auch ein Mittel zulassen, das die betroffene Person stärker belastet und demnach eigentlich nicht erforderlich wäre.

Beispiel:
Richard Reich ist Eigentümer eines verfallenden Hauses. Obdachlose haben sich durch Einschlagen der Fenster Zutritt verschafft und nächtigen in dem Haus. Als es ihnen im Winter zu kalt wird, entfachen sie in dem Haus aus gesammeltem Holz ein Feuer und wärmen sich dadurch. Beim letzten Feuer hat die alte Holzdecke Feuer gefangen und es wurde ein Einsatz der Feuerwehr notwendig. Die Ordnungsbehörde gibt Rudi Reich daraufhin auf, das Haus durch Verschließen der Fenster gegen unbefugtes Betreten zu sichern.
Rudi Reich hatte sich schon länger gefragt, was er mit dem baufälligen Haus noch anfangen kann und kommt aufgrund des Vorfalls auf die Idee, an dieser Stelle einen Neubau zu errichten. Er beantragt daher bei der Ordnungsbehörde einen Mittelaustausch. Statt das Haus durch Verschließen der Fenster gegen unbefugtes Betreten zu sichern, schlägt er vor, es abzureißen und einen Neubau zu errichten.

6 DIE ORDNUNGSPFLICHT

In den Kapiteln 4 und 5 wurde dargelegt, unter welchen Voraussetzungen die Ordnungsbehörde einschreiten darf. Nunmehr ist zu klären, gegen wen sie vorgehen darf, wer also Adressat der Maßnahme zur Gefahrenabwehr ist. Man spricht diesbezüglich von der **Ordnungspflicht**.

Die Bestimmung des Adressaten der ordnungsbehördlichen Maßnahme ist notwendig, weil die Generalklausel des § 14 Abs. 1 OBG diesbezüglich keine Regelung enthält.

Spezialgesetzliche Ermächtigungsgrundlagen können eine Regelung zum Adressaten der ordnungsbehördlichen Maßnahme enthalten. Wird dieser aber nicht geregelt, so muss die Ordnungspflicht auch bei spezialgesetzlichen Ermächtigungsgrundlagen festgestellt werden.

Beispiele:

- *§ 35 GewO regelt, dass einem Gewerbetreibenden wegen Unzuverlässigkeit die weitere Ausübung des Gewerbes zu untersagen ist. Der Adressat der Gewerbeuntersagung wird geregelt, sie kann nur dem Gewerbetreibenden gegenüber ausgesprochen werden.*
- *Nach § 15 Abs. 1 LImSchG können die zuständigen Behörden anordnen, dass Zustände beseitigt werden, die diesem Gesetz oder den aufgrund dieses Gesetzes erlassenen Rechtsvorschriften widersprechen. Diese spezialgesetzliche Ermächtigungsgrundlage regelt nicht, wem gegenüber die Anordnung erfolgen muss. Der Adressat muss daher noch bestimmt werden.*

Die polizeilichen Standardmaßnahmen, die nach § 24 Abs. 1 OBG auch für die Ordnungsbehörden gelten, treffen immer eine Aussage zur Ordnungspflicht.

Beispiele:

- *Nach § 24 Abs. 1 Nr. 1 OBG i. V. m. § 9 Abs. 2 PolG kann jede Person befragt werden, wenn Tatsachen die Annahme rechtfertigen, dass sie sachdienliche Angaben machen kann, die für die Erfüllung einer bestimmten ordnungsbehördlichen Aufgabe erforderlich sind.*
  Der Adressat ist geregelt. Es ist die Person, die sachdienliche Hinweise machen kann, wie z. B. im Fall unter Kapitel 4 der ehemalige Nachbar von Sebastian Sorglos.
- *Nach § 24 Abs. 1 Nr. 12 OBG i. V. m. § 34 Abs. 1 Satz 2 PolG kann ein Platzverweis gegen eine Person angeordnet werden, die den Einsatz der Feuerwehr oder von Hilfs- oder Rettungsdiensten behindert.*
  Auch hier ist eine Regelung zum Adressaten getroffen worden. Es ist die Person, die den Einsatz behindert, wie z. B. im Fall unter Kapitel 4 die Schaulustigen, die das Unglück filmen.

Diejenigen, die ordnungspflichtig sind, werden **Störer** genannt. Der Begriff wurde in früheren Fassungen des Ordnungsbehördengesetzes verwendet und hat sich in Theorie und Praxis weitgehend gehalten, obwohl der Gesetzgeber mittlerweile den Begriff der Verantwortlichen benutzt.

Unterschieden wird zwischen Verhaltensstörern und Zustandsstörern.

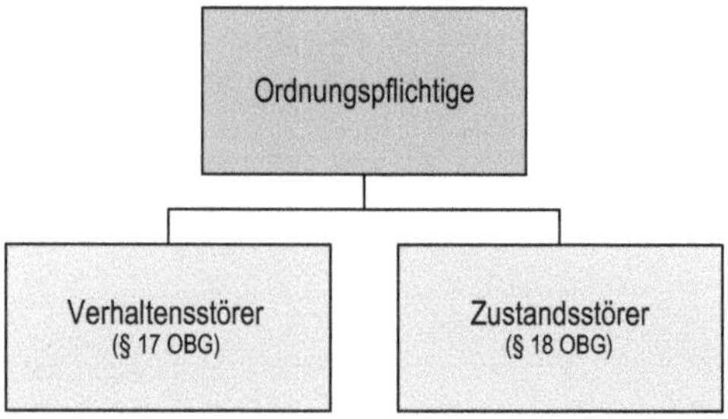

6.1 DER VERHALTENSSTÖRER

Der **Verhaltensstörer** ist verantwortlich für Gefahren, die durch menschliches Verhalten verursacht werden. Verantwortlich kann man zunächst für das eigene Verhalten sein, dann ist man **unmittelbarer Verhaltensstörer**. Man kann aber auch für das Verhalten Dritter, nämlich im Rahmen gesetzlicher Aufsichtspflichten oder für die Bestellung von Verrichtungsgehilfen, ordnungspflichtig sein. Dann spricht man von einem **mittelbaren Verhaltensstörer**.

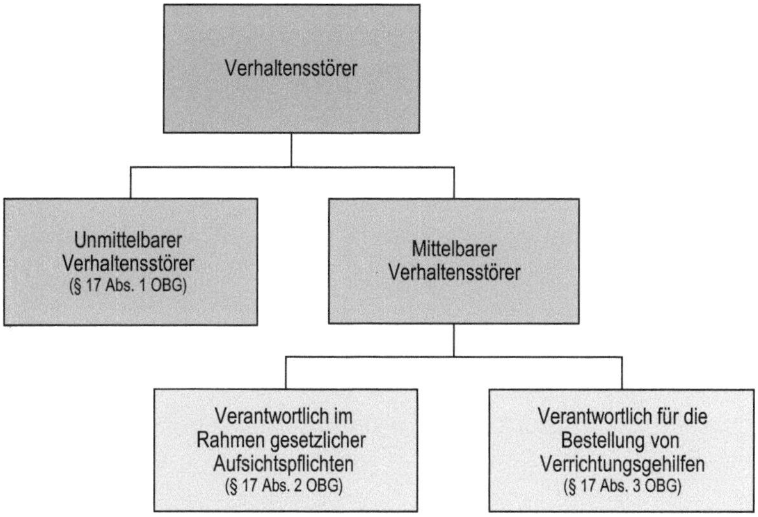

6.1.1 Der unmittelbare Verhaltensstörer nach § 17 Abs. 1 OBG

Verhaltensstörer ist nach § 17 Abs. 1 OBG die Person, die durch ihr Verhalten eine Gefahr verursacht. Somit gibt es drei Tatbestandsvoraussetzungen, nämlich

1. Person
2. Verhalten
3. Verursachung

Der Begriff „Verhalten" wird im Gesetz nicht ausdrücklich erwähnt. Dass ein Verhalten notwendig ist, ergibt sich aber aus der Überschrift der Norm und dem Gesamtzusammenhang.

6.1.1.1 Person

Nur eine **Person** kann Verhaltensstörer und damit Adressat einer ordnungsbehördlichen Maßnahme sein.

Als Personen kommen zunächst alle **natürlichen Personen** in Betracht, und zwar unabhängig von Alter oder Geisteszustand. Daher können Kinder ebenso ordnungspflichtig sein wie Personen, für die zur Betreuung aller ihrer Angelegenheiten nach §§ 1896 ff. BGB ein Betreuer bestellt ist.

Aber auch **juristische Personen** können Verhaltensstörer sein. Juristische Personen sind rechtsfähige Zusammenschlüsse aus mehreren natürlichen Personen oder aus deren Vermögen. Unterschieden wird hier zwischen juristischen Personen des Privatrechts und juristischen Personen des öffentlichen Rechts.

Juristische Personen des Privatrechts sind beispielweise eine Gesellschaft mit beschränkter Haftung (GmbH), eine Aktiengesellschaft (AG) oder ein eingetragener Verein (e. V.). Als **juristische Personen des öffentlichen Rechts** kommen alle rechtsfähigen Körperschaften, Anstalten und Stiftungen des öffentlichen Rechts infrage, also beispielsweise Gemeinden und Handwerkskammern.

Schließlich können vom Grundsatz her auch **teilrechtsfähige Personenmehrheiten** ordnungspflichtig sein, wenn sie ein Mindestmaß an Organisation besitzen. Teilrechtsfähige Personenmehrheiten sind zum Beispiel Gesellschaften bürgerlichen Rechts (GbR), offene Handelsgesellschaften (oHG) oder Kommanditgesellschaften (KG), aber auch Erbengemeinschaften oder nicht eingetragene Vereine.

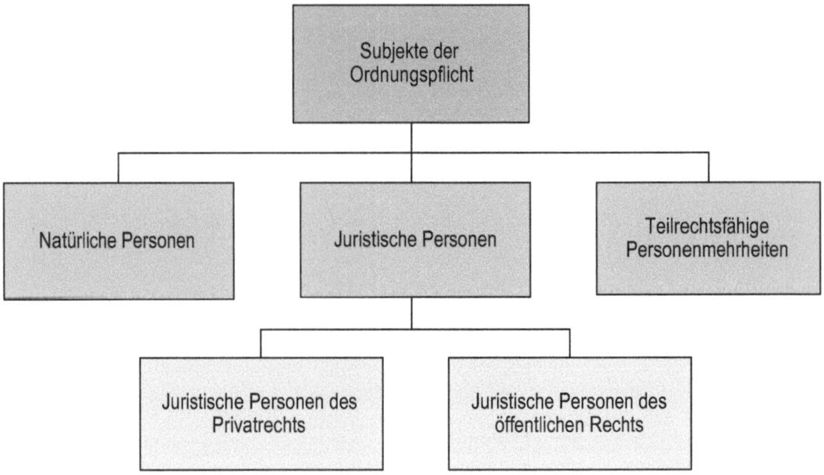

6.1.1.2 Verhalten

Die Gefahr muss durch ein **Verhalten** entstehen. Als Verhalten kommt zunächst ein **aktives Tun** in Betracht.

Beispiele:

- *In Herdecke, einer kreisangehörigen Gemeinde im Ennepe-Ruhr-Kreis, findet das Fest der freiwilligen Feuerwehr statt. An den aufgestellten Dixi-Toiletten haben sich lange Schlangen gebildet. Hans Harn entledigt sich seiner Notdurft daher an einer in der Nähe stehenden Litfaßsäule, obwohl das sog. Wildpinkeln in Herdecke durch ordnungsbehördliche Verordnung untersagt ist.*
- *Hans Hobel hat eine antike Anrichte gekauft, die er aufbereitet. Nachdem er den alten Lack abgebeizt hat, schüttet er das benutzte und mit den Lackrückständen versehene Abbeizmittel in einen an der Grundstücksgrenze vorbeifließenden Bach.*

Aber auch ein **Unterlassen** kann ein Verhalten sein und damit die Verhaltensstörereigenschaft begründen, nämlich dann, wenn eine öffentlich-rechtliche Norm ein Handeln vorschreibt.

Beispiele:

- *Theo Töle hat sich einen Hund zugelegt, der jede Nacht so laut heult und bellt, dass die Nachbarn nicht schlafen können.*
  Nach § 12 LImSchG sind Tiere so zu halten, dass niemand durch die hiervon ausgehenden Immissionen, insbesondere durch den von den Tieren erzeugten Lärm, mehr als nur geringfügig belästigt wird. Wenn Theo Töle also nichts gegen das nächtliche Geheul seines Hundes unternimmt, kommt er einer öffentlich-rechtlichen Handlungspflicht nicht nach und ist deswegen Verhaltensstörer durch Unterlassen.
- *Der 15-jährige Fritz Faul hat keine Lust auf Schule und ist dem Unterricht schon seit drei Wochen unentschuldigt ferngeblieben. Seiner alleinerziehenden und alkoholkranken Mutter ist das egal und sie unternimmt nichts dagegen.*
  Nach § 41 Abs. 1 Satz 2 SchulG sind die Eltern dafür verantwortlich, dass ihr Kind regelmäßig am Unterricht teilnimmt. Der sich aus dieser Vorschrift ergebenden öffentlich-rechtlichen Handlungspflicht kommt Frieda Faul nicht nach. Sie ist daher Verhaltensstörerin durch Unterlassen.

Unerheblich ist es in diesem Zusammenhang, ob das Verhalten verschuldet war oder eine Schuld vorliegt. Das Verschulden ist ein Begriff aus dem Privatrecht und löst beispielsweise einen Schadensersatzanspruch nach § 823 BGB aus. Der Begriff der Schuld ist im Strafrecht für die Bemessung der Strafe von Bedeutung. Im Recht der Gefahrenabwehr kommt es hierauf zur Beurteilung der Störerfrage jedoch nicht an. Das bedeutet, dass auch ein nicht verschuldetes oder schuldloses Verhalten zur Verhaltensstörereigenschaft führt.

Bedeutungslos ist weiterhin, ob die die Gefahr verursachende Person die Tragweite ihres Verhaltens nicht erkennen kann, beispielsweise weil sie zu jung, volltrunken, unmündig oder geisteskrank ist. Selbst Reflexhandlungen begründen die Verhaltensstöreigenschaft, wenn sie eine Gefahr verursachen.

Dieses leuchtet möglicherweise auf den ersten Blick nicht sofort ein und erscheint vielleicht sogar ungerecht oder unfair, weil die Inanspruchnahme zur Gefahrenabwehr als „Bestrafung“ empfunden oder verstanden wird. Die Inanspruchnahme eines Ordnungspflichtigen durch die Ordnungsbehörde ist aber keine Bestrafung durch ein Gericht und auch nicht mit dieser vergleichbar. Im Recht der Gefahrenabwehr geht es nur darum, Gefahren für die öffentliche Sicherheit oder Ordnung abzuwehren und damit Schäden für die Allgemeinheit zu verhindern. Würden Begriffe wie Schuld oder Verschulden Berücksichtigung finden, wäre eine schnelle Gefahrenabwehr in vielen Fällen nicht möglich.

Beispiele:

- *Bewohner eines Mehrfamilienhauses setzen die Ordnungsbehörde davon in Kenntnis, dass im Erdgeschoss ein offensichtlich geisteskranker Mann wohnt, der schon mehrfach auf spielende Kinder geschossen hat, die ihn in seiner Mittagruhe stören. Zusammen mit der Polizei, der Berufsfeuerwehr und einem Psychiater des Gesundheitsamtes dringt die Ordnungsbehörde – da der Wohnungsinhaber die Tür nicht öffnet – gewaltsam in die Wohnung des Mannes ein. Dort stellen die Beamten die geladene Pistole und Ersatzmunition sicher. Die Ordnungsbehörde verfügt überdies die zwangsweise Unterbringung des Mannes in einer geschlossenen Anstalt.*[3]
  Die Tatsache, dass der Mann geisteskrank ist und deswegen die Tragweite seines Handelns nicht erkennen konnte, ist im Strafrecht entscheidend, aus ordnungsrechtlicher Sicht aber irrelevant. Entscheidend ist, dass er durch sein Verhalten eine Gefahr für die öffentliche Sicherheit verursacht hat. Er ist daher Verhaltensstörer nach § 17 Abs. 1 OBG.
- *Der 11-jährige Kevin fährt mit seinem Mountainbike auf dem Bürgersteig einer von Fußgängern stark genutzten Straße. Er ist rücksichtslos und mit hoher Geschwindigkeit unterwegs. Nur durch Glück ist es nicht zu Kollisionen mit Fußgängern gekommen. Der Polizist Bert Blau sieht Kevin zufällig auf seinem Streifgang, hält ihn an, ermahnt ihn und fordert ihn auf, auf der Straße weiterzufahren.*
  Kevin hat gegen § 2 Abs. 1 Satz 1 StVO verstoßen. Danach müssen Fahrzeuge die Fahrbahn benutzen. Nur Kinder bis zum vollendeten achten Lebensjahr müssen nach § 2 Abs. 5 StVO den Gehweg benutzen, Kinder bis zum vollendeten zehnten Lebensjahr dürfen ihn benutzen. Kevin dürfte mit seinen 11 Jahren noch die Einsichtsfähigkeit für sein Handeln fehlen. Dieses ist aber im Ordnungsrecht nicht entscheidend. Es kommt nur darauf an, dass Kevin durch sein Verhalten eine Gefahr für die öffentliche Sicherheit verursacht hat. Er ist daher Verhaltensstörer nach § 17 Abs. 1 OBG.
  Das Verhalten von Kevin ist ferner eine Ordnungswidrigkeit nach § 24 Abs. 1 StVG i. V. m. § 49 Abs. 1 Nr. 2 StVO und kann nach § 17 Abs. 1 OWiG mit einer Geldbuße von bis zu 1.000 EUR geahndet werden. Im Ordnungswidrigkeitenrecht ist die Vorwerfbarkeit des Verhaltens jedoch Voraussetzung für die Ahndung. Weil Kevin noch keine 14 Jahre ist, hat er nach § 12 Abs. 1 OWiG nicht vorwerfbar gehandelt. Bert Blau hat also zu Recht gegen Kevin keine Geldbuße festgesetzt.
- *Bastian Barde ist großer Schlagerfan und singt im Auto lautstark zu Helene Fischers „Atemlos" mit, als ihm plötzlich eine Wespe in den Mund fliegt. Vor Schreck verreißt er reflexartig das Lenkrad und fährt mit dem Auto gegen den Mast eines Verkehrsschildes, der stark beschädigt wird.*
  Bastian Barde hat das Lenkrad nicht mit Absicht, sondern im Reflex verrissen. Das spielt im Recht der Gefahrenabwehr aber keine Rolle. Er ist Verhaltensstörer nach § 17 Abs. 1 OBG.

3 Beispiel nach Frings/Spahlholz, Rdnr. 246

6.1.1.3 Verursachung

Als dritte und letzte Voraussetzung muss das Verhalten die Gefahr **verursacht** haben. Es muss demnach eine **Kausalität**, also ein ursächlicher Zusammenhang, zwischen der Handlung und der Gefahr bestehen.

Dieser ursächliche Zusammenhang zwischen der Handlung und der Gefahr wird anhand der **Theorie der unmittelbaren Verursachung** beurteilt. Danach ist ein Verhalten nur dann ursächlich, wenn es nicht hinweggedacht werden kann, ohne dass die Gefahr entfällt und es seinerseits die Gefahrenschwelle überschreitet, die Gefahr also unmittelbar selbst verursacht.

Diese Definition klingt recht sperrig, ist auf den zweiten Blick aber gar nicht so kompliziert. Sie enthält zwei Elemente und kann anhand von zwei Fragen leicht geprüft werden:

1. Wenn das zu beurteilende Verhalten nicht stattgefunden hätte, wäre die Gefahr dann entstanden?
2. Überschreitet das Verhalten die Gefahrenschwelle und hat es deswegen die Gefahr unmittelbar verursacht?

Nur wenn beide Fragen mit „ja" beantwortet werden, ist das Verhalten ursächlich für die Gefahr.

Beispiel:
Stefan Strauch gestaltet seinen Garten um und bekommt von Tobias Torf, der ein Gartencenter besitzt, Mutterboden geliefert. Franz Flott ist gleichzeitig mit seinem Transporter unterwegs und wird von Sarah Süß, die bauchfrei und mit Hotpants bekleidet spazieren geht, abgelenkt. Dadurch fährt er auf das Lieferfahrzeug des Tobias Torf auf. Dieses wird stark beschädigt und große Mengen Mutterboden gelangen auf die Fahrbahn. Wer ist Verhaltensstörer?
Wenn Stefan Strauch den Mutterboden nicht bestellt hätte, wäre die Gefahr nicht eingetreten. Allerdings ist das Bestellen von Mutterboden nicht gefährlich, die Gefahrenschwelle wurde nicht überschritten. Stefan Strauch ist daher kein Verhaltensstörer.
Auch das Ausliefern des Mutterbodens überschreitet nicht die Gefahrenschwelle. Obwohl die Gefahr ohne das Ausliefern nicht eingetreten wäre, ist deswegen auch Tobias Torf kein Verhaltensstörer.
Die Gefahr wäre aber auch nicht eingetreten, wenn Sarah Süß nicht spärlich bekleidet spazieren gegangen wäre. Dieses Verhalten mag man möglichweise als nicht angemessen empfinden, für sich gesehen ist es aber nicht gefährlich. Sarah Süß ist daher ebenfalls keine Verhaltensstörerin.
Wäre Franz Flott nicht auf das Lieferfahrzeug aufgefahren, wäre die Gefahr nicht eingetreten. Das Auffahren auf das Lieferfahrzeug überschreitet auch die Gefahrenschwelle und ist somit ursächlich für die Gefahr. Franz Flott ist daher Verhaltensstörer.

In den meisten Fällen wird nach der Theorie der unmittelbaren Verursachung nur der Letzte einer Handlungskette in Anspruch genommen werden. Es ist allerdings auch denkbar, dass ein früheres Verhalten ebenfalls bereits die Gefahrenschwelle überschritten hat, die Gefahr aber nicht unmittelbar selbst verursacht hat. Es hat aber eine Kausalkette in Gang gesetzt und muss deswegen auch als ursächlich angesehen werden.

Beispiel:
Im obigen Beispiel wird Franz Flott nicht durch eine spärlich bekleidete junge Frau abgelenkt, sondern er verreißt das Lenkrad, weil plötzlich ein Ball auf die Straße rollt und der siebenjährige Ben dem Ball hinterherrennt und auf die Straße läuft.
Das Verhalten von Stefan Strauch und Tobias Torf ist – ebenso wie im vorigen Beispiel – nicht gefahrenschwellenüberschreitend und daher ordnungsrechtlich nicht relevant.
Wenn Ben nicht auf die Straße gerannt wäre, wäre die Gefahr nicht entstanden. Sein Verhalten ist auch in Anbetracht der möglichen Folgen als gefährlich anzusehen. Allerdings führt das Verhalten von Ben nicht unmittelbar zum Schaden, sondern erst das Verreißen des Lenkrads durch Franz Flott. Bens Handeln ist also nicht das Letzte der Handlungskette. Das ist aber deswegen ohne Bedeutung, weil erst durch seine gefahrenschwellenüberschreitende Handlung die zum Schaden führende Kausalkette in Gang gesetzt wird. Er ist daher ebenso Verhaltensstörer wie Franz Flott.

Vom Grundsatz der Verursachung gibt es eine Ausnahme, nämlich den sog. **Zweckveranlasser**. Ein Zweckveranlasser ist jemand, der sich eigentlich nicht störend verhält. Durch sein Verhalten wird aber eine Kausalkette ausgelöst, an deren Ende die Gefahrenschwelle durch das Verhalten Dritter überschritten wird.

Beispiel:
In der juristischen Fachliteratur wird als Beispiel für den Zweckveranlasser häufig der sog. „Schaufensterpuppenfall" genannt, über den das Preußische Oberverwaltungsgericht im Jahre 1929 entschieden hat[4] und der aus heutiger Sicht geradezu drollig erscheint:
Der Inhaber eines Warenhauses stellt im Rahmen einer Werbemaßnahme im Schaufenster Puppen aus, die mechanisch gesteuert werden und so Kunststücke vorführen. In der damaligen Zeit war das eine Sensation. Das Schaufenster entwickelt sich schnell zu einer Attraktion und zieht eine Vielzahl von Leuten an, die die Puppen und ihre Kunststücke fasziniert bestaunen. Nach einer gewissen Weile ist der Gehweg vor dem Schaufenster voll mit staunenden Schaulustigen und die Fußgänger sind gezwungen, auf die Fahrbahn auszuweichen.
Ohne das Ausstellen der Puppen wäre die Gefahr nicht eingetreten. Die Werbemaßnahme an sich ist aber ungefährlich. Verursacht wird die Gefahr erst durch die Personen, die den Bürgersteig versperren. Diese sind daher Verhaltensstörer.

4 PrOVGE 40, 216

Zu beachten ist aber, dass durch das eigentlich ungefährliche Verhalten des Kaufmanns eine Kausalkette in Gang gesetzt wird. Denn das Ausstellen der Puppen führt dazu, dass Leute vor dem Schaufenster stehen bleiben und schließlich der Gehweg versperrt wird. Deswegen ist der Kaufmann ebenfalls Verhaltensstörer, und zwar in Form des Zweckveranlassers.

Es wird zwischen zwei Arten von Zweckveranlassern unterschieden, nämlich den subjektiven und den objektiven Zweckveranlasser.

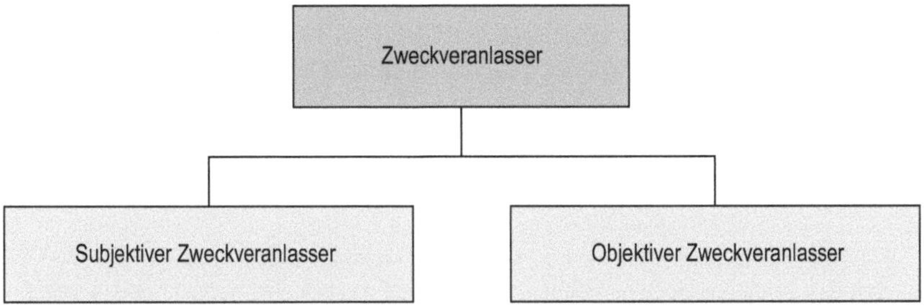

Von einem **subjektiven Zweckveranlasser** spricht man, wenn er die Gefahr für die öffentliche Sicherheit oder Ordnung subjektiv bezweckt oder zumindest billigend in Kauf genommen hat, beispielsweise weil sie seiner Interessenslage entsprach.

Hingegen spricht man von einem **objektiven Zweckveranlasser**, wenn die Gefahrenlage aus der Sicht eines unbeteiligten Dritten die typische bzw. die zu erwartende Folge der Kausalkette ist.

Die beiden Formen des Zweckveranlassers lassen sich nicht immer streng voneinander trennen. In vielen Fällen, so auch im obigen Beispiel des Schaufensterpuppenfalls, ist es so, dass das eigentlich nicht störende Verhalten sowohl die Merkmale des subjektiven als auch die des objektiven Zweckveranlassers erfüllen dürfte.

Weitere Beispiele:

- *Im Kölner Straßenkarneval gehen von auf dem Boden liegenden Glasscherben Gefahren für die öffentliche Sicherheit aus. Ein Kioskbesitzer, der während des Straßenkarnevals Getränke in Glasflaschen verkauft, ist von den Gerichten als (objektiver) Zweckveranlasser angesehen worden, weil er eine vorhersehbare Entwicklung in Gang gesetzt hat.*[5]
- *Die Ausübung der Prostitution innerhalb einer absoluten Sperrbezirksverordnung ist eine Störung für die öffentliche Sicherheit. Ein Vermieter, der Frauen Räume zur Ausübung der Prostitution zur Verfügung stellt, ist von den Gerichten als (subjektiver) Zweckveranlasser bezüglich der Verstöße gegen die Sperrbezirksverordnung angesehen worden.*[6]

5 OVG NRW NVwZ-RR 2012, 302
6 VGH Kassel NVwZ 1992, 1111

6.1.2 Der mittelbare Verhaltensstörer nach § 17 Abs. 2 OBG

Wie bereits dargelegt, kann jede Person Verhaltensstörer sein, und zwar unabhängig davon, ob sie geschäftsfähig oder nicht geschäftsfähig ist (siehe Kapitel 6.1.1.1). Deswegen kann es vorkommen, dass ordnungsbehördliche Maßnahmen gegenüber jemandem ausgesprochen werden müssen, der nicht begreift, dass sein Verhalten gefährlich ist. Die Gefahrenabwehrmaßnahmen haben dann zwangsläufig nicht die gleiche Wirkung, als wenn man sie einem Einsichtsfähigen gegenüber erlassen würde.

Derjenige, der zur Aufsicht über eine solche Person verpflichtet ist, besitzt aber im Regelfall mehr Einwirkungsmöglichkeiten und kann möglicherweise mehr zur Gefahrenabwehr beitragen. Der Gesetzgeber hat deswegen in § 17 Abs. 2 Satz 1 OBG geregelt, dass ordnungsbehördliche Maßnahmen auch an Aufsichtspflichtige gerichtet werden können, wenn die störende Person noch nicht 14 Jahre alt oder zur Besorgung aller ihrer Angelegenheiten ein Betreuer bestellt ist.

Weil der Aufsichtspflichtige die Gefahr aber nicht selbst und nicht unmittelbar auslöst, sondern für das gefährliche Verhalten eines Dritten in Anspruch genommen wird, ist er **mittelbarer Verhaltensstörer**.

In Klausuren wird häufig angenommen, dass die Verhaltensstörereigenschaft der nicht einsichtsfähigen Person durch die Möglichkeit der Inanspruchnahme des Aufsichtspflichtigen erlischt. Das ist ein schwerer Fehler! Vielmehr ist es so, dass die nicht einsichtsfähige Person Verhaltensstörer nach § 17 Abs. 1 OBG bleibt und der Aufsichtspflichtige zusätzlich ordnungspflichtig nach § 17 Abs. 2 OBG ist.

Beispiel:
Peter Petersen und Carsten Carstensen, sieben und acht Jahre alt, werfen an einem winterlichen Januartag, an dem es stark geschneit hat, von einer Fußgängerbrücke Schneebälle auf die darunterliegende Autobahn und versuchen, Autos zu treffen.
Peter Petersen und Carsten Carstensen sind Verhaltensstörer nach § 17 Abs. 1 OBG. Ebenfalls Verhaltensstörer sind die Eltern von Peter und Carsten, und zwar nach § 17 Abs. 2 OBG.

In vielen Fällen werden die Eltern die Aufsichtspflicht über noch nicht 14 Jahre alte Kinder besitzen. Das muss aber nicht zwingend so sein, denn entscheidend ist, wer zu dem Zeitpunkt, in dem die Gefahr verursacht wird, die tatsächliche Aufsicht über das Kind ausübt. Das kann zum Beispiel auch der Übungsleiter im Sportverein oder der Leiter einer Pfadfindergruppe sein.

Bei den unter Betreuung gestellten Störern ist zu beachten, dass die Betreuung auch tatsächlich angeordnet worden sein muss. Es reicht nicht aus, dass lediglich die Voraussetzungen hierfür vorliegen.

Beispiel:
Dieter hat ein zehn Meter langes Kupferkabel mittleren Querschnitts gefunden und spannt es in ein Meter Höhe über die Fahrbahn einer Straße, die häufig von Motorradfahrern benutzt wird. Dieter ist 38 Jahre alt und stark geistig behindert. Seine verwitwete Mutter Dörthe hat sich nicht dazu durchringen können, ihn unter Betreuung stellen zu lassen, weil sie ihm das „nicht auch noch antun" will.
Verhaltensstörer nach § 17 Abs. 1 OBG ist Dieter, denn er hat die Gefahr in Form des schweren Eingriffs in den Straßenverkehr unmittelbar verursacht. Seine Mutter Dörthe ist keine Verhaltensstörerin nach § 17 Abs. 2 OBG. Dieter erfüllt zwar die Voraussetzungen dafür, unter Betreuung gestellt zu werden. Das reicht aber nicht aus, denn § 17 Abs. 2 OBG fordert, dass er tatsächlich unter Betreuung gestellt worden ist.

6.1.3 Der mittelbare Verhaltensstörer nach § 17 Abs. 3 OBG

Eine weitere Möglichkeit, ordnungspflichtig für das Handeln Dritter und damit mittelbarer Verhaltensstörer zu sein, ergibt sich aus § 17 Abs. 3 OBG. Danach können in den Fällen, in denen eine zur Verrichtung bestellte Person die Gefahr in Ausübung dieser Verrichtung verursacht hat, die ordnungsbehördlichen Maßnahmen auch gegen die Person gerichtet werden, die die andere zur Verrichtung bestellt hat.

§ 17 Abs. 3 OBG enthält also drei Voraussetzungen:

1. eine Person muss zur Verrichtung bestellt worden sein,
2. diese Person muss eine Gefahr verursacht haben und
3. die Gefahr muss von der Person in Ausübung der Verrichtung verursacht worden ein.

6.1.3.1 Zur Verrichtung bestellt
Der Begriff der „zur Verrichtung bestellten Person" ist identisch mit dem **Verrichtungsgehilfen** nach § 831 Abs. 1 BGB. Ein Verrichtungsgehilfe ist eine Person, der vom Geschäftsherrn in dessen Interesse eine Tätigkeit übertragen worden und die abhängig von dessen Weisungen, also weisungsgebunden, ist.

Weisungsgebunden bedeutet, dass der Geschäftsherr die Tätigkeit des Verrichtungsgehilfen jederzeit beschränken, untersagen oder aber nach Zeit und Umfang bestimmen kann.

Dieses ist immer im Verhältnis Arbeitgeber und Arbeitnehmer der Fall. Deswegen sind Arbeitnehmer immer als Verrichtungsgehilfen für den jeweiligen Arbeitgeber anzusehen.

Dass zwischen dem Verrichtungsgehilfen und dem Geschäftsherrn ein Vertrag geschlossen wurde, ist aber nicht Voraussetzung. Es kommt einzig und allein auf das weisungsgebundene Abhängigkeitsverhältnis an. Man kann daher auch außerhalb des Verhältnisses Arbeitgeber und Arbeitnehmer Verrichtungsgehilfe sein.

Beispiel:
Das Ehepaar Manfred und Marianne Müller fährt über Silvester in einen Kurzurlaub und betraut ihre 18-jährige Tochter Mandy mit der unentgeltlichen Beaufsichtigung des Hauses. Das OLG Köln hat Mandy als Verrichtungsgehilfin angesehen.[7]

6.1.3.2 Gefahrenverursachung

Der Verrichtungsgehilfe muss die Gefahr verursacht haben. Das bedeutet, der Geschäftsherr ist nur dann ordnungspflichtig, wenn der Verrichtungsgehilfe Verhaltensstörer nach § 17 Abs. 1 OBG ist. Ist der Verrichtungsgehilfe kein Störer nach § 17 Abs. 1 OBG, kann der Geschäftsherr nicht in Anspruch genommen werden.

6.1.3.3 In Ausübung der Verrichtung

Letztes Kriterium für die Ordnungspflicht des Geschäftsherrn ist, dass die Gefahr in Ausführung der Verrichtung verursacht wird. Wird die Gefahr nicht in Ausführung der Verrichtung, sondern bei Gelegenheit verursacht, ist der Geschäftsherr nicht ordnungspflichtig.

Beispiele:

- *Florian Flasche ist bei der Getränkefirma Durst GmbH als Auslieferungsfahrer beschäftigt. Bei einer Auslieferungsfahrt verliert er auf der A45 kurz vor der Ausfahrt Hagen-Süd die Kontrolle über seinen Lkw und die komplette Ladung von ca. 100 Kästen Bier stürzt auf die Autobahn.*
  Verhaltensstörer nach § 17 Abs. 1 OBG ist Florian Flasche, denn er hat die Gefahr durch sein Verhalten verursacht. Er hat die Gefahr aber in Ausübung einer Verrichtung für die Durst GmbH verursacht. Diese ist als Geschäftsherr daher Verhaltensstörer nach § 17 Abs. 3 OBG.
- *Florian Flasche hat für das Missgeschick einen Rüffel erhalten und nimmt sich fest vor, in Zukunft vorsichtiger zu sein. Trotz sehr behutsamer Fahrweise kommt er mit seinen Aufträgen sehr gut durch und hat unverhofft ein Zeitpolster von einer guten Stunde. Dieses nutzt er dazu, einen kleinen Abstecher zu seiner Freundin zu machen. Er ist fast angekommen, als er eine rote Ampel übersieht und auf einen Linienbus der Hagener Straßenbahn AG auffährt. Erneut verliert er seine Ladung und 40 Kästen Bier stürzen auf die Fahrbahn.*
  Florian Flasche ist wiederum Verhaltensstörer nach § 17 Abs. 1 OBG. Aber dieses Mal hat er außerhalb des Auftrages und somit nicht in Ausführung der Verrichtung gehandelt. Die Durst GmbH ist daher nicht Störer nach § 17 Abs. 3 OBG.

7 OLG Köln NJW 2000, 2905

6.2 DER ZUSTANDSSTÖRER

Gefahren können nicht nur durch das Verhalten einer Person verursacht werden, sondern auch von einer Sache oder einem Tier ausgehen. Sowohl der Eigentümer der Sache oder des Tieres als auch der Inhaber der tatsächlichen Gewalt über die Sache oder das Tier sind dann **Zustandsstörer**.

Der Begriff der **Sache** ergibt sich aus § 90 BGB. Danach sind Sachen körperliche Gegenstände. **Tiere** sind zwar keine Sachen, allerdings sind nach § 18 Abs. 1 OBG die für Sachen geltenden Vorschriften auf Tiere entsprechend anzuwenden.

Auch bei der Zustandshaftung muss eine **Kausalität** vorhanden sein, und zwar ist ein ursächlicher Zusammenhang zwischen der Sache und der Gefahr notwendig. Dieser ursächliche Zusammenhang ist immer dann gegeben, wenn die Sache **Ausgangspunkt für die Gefahr** ist. Die Sache muss also die Gefahrenquelle sein.

Es gibt zwei Möglichkeiten, wie eine Sache der Ausgangspunkt für eine Gefahr sein kann und die eine Sache somit gefährlich machen. Zunächst kann sich die Gefahr aus der **Beschaffenheit der Sache** ergeben. Denkbar ist aber auch, dass die **Lage der Sache im Raum** die Gefahr hervorruft.

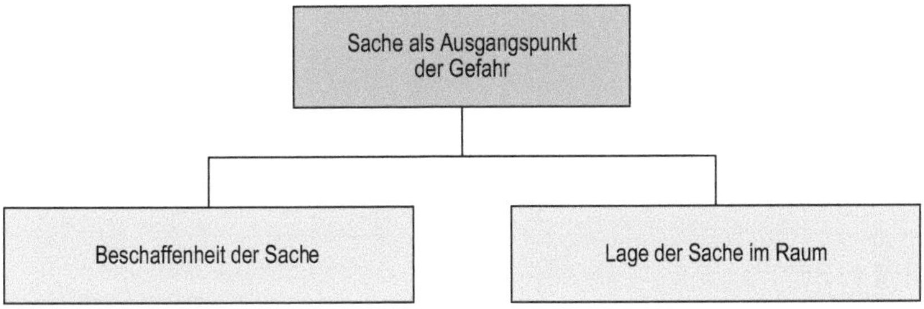

Beispiele:
- *Ein nicht verkehrssicheres Auto ist aufgrund seiner Beschaffenheit gefährlich.*
- *Ein verkehrssicheres Auto, das verkehrsbehindernd parkt, ist aufgrund seiner Lage im Raum gefährlich.*

Bei der Zustandshaftung ist es unerheblich, ob der Eigentümer oder der Inhaber der tatsächlichen Gewalt den Zustand der Sache oder ihre Lage im Raum zu verantworten haben. Es ist daher ohne Bedeutung, ob die Gefährlichkeit der Sache durch den Eigentümer bzw. den Inhaber der tatsächlichen Gewalt oder von einem Dritten oder durch ein Naturereignis herbeigeführt wurde. Auch Fragen der Rechtswidrigkeit oder der Schuld spielen keine Rolle. Wie bereits im Rahmen der Verhaltenshaftung unter Kapitel 6.1.1.2 dargelegt, hängt das damit zusammen, dass bei Berücksichtigung dieser Aspekte eine Gefahrenabwehr in vielen Fällen zumindest erschwert werden würde.

Beispiel:
Richard Ring ist Eigentümer eines Mehrfamilienhauses in der Innenstadt von Soest. Im Erdgeschoss betreibt er ein Juweliergeschäft. Eines Nachts fahren Einbrecher mit einem Lkw in das große Schaufenster und klauen die Auslage. Dabei wird auch ein Stützpfeiler beschädigt und das Haus droht einzustürzen. Richard Ring ist Zustandsstörer nach § 18 Abs. 1 OBG.

6.2.1 Der Eigentümer als Zustandsstörer

Wenn die Gefahr von einer Sache oder einem Tier ausgeht, dann sind die Maßnahmen nach § 18 Abs. 1 OBG gegen den **Eigentümer** zu richten. Der Begriff des Eigentums ist identisch mit dem des BGB. Man versteht hierunter das allumfassende Recht an einer Sache.

Wer Eigentümer einer Sache oder eines Tieres ist, ergibt sich aus §§ 903 ff. BGB.

Die Zustandshaftung beginnt grundsätzlich mit der Begründung des Eigentums. Sie endet mit dessen Verlust. Entscheidend sind die Eigentumsverhältnisse zum Zeitpunkt des ordnungsbehördlichen Einschreitens.

Beispiel:
Franz Flamme, Eigentümer einer kleinen Brennstoffhandlung, beliefert Maria Müller, die ein kleines Einfamilienhaus bewohnt, mit Heizöl. Während das Öl in den Tank gepumpt wird, löst sich eine Schlauchverbindung. Ehe Franz Flamme die Pumpe an seinem Wagen abstellen kann, sind ca. 100 Liter Heizöl aus dem Schlauch ausgelaufen und im Vorgarten versickert. Es besteht die konkrete Gefahr, dass das Öl mit der Zeit ins Grundwasser gelangt und dadurch die öffentliche Trinkwasserversorgung gefährdet wird.[8]
Zustandsstörerin ist nur Maria Müller, und zwar nach § 18 Abs. 1 OBG. Das versickerte Öl ist untrennbarer Bestandteil des Grundstücks geworden. Deshalb ist Maria Müller nach § 946 BGB Eigentümerin des ausgelaufenen und versickerten Öls geworden. Franz Flamme hingegen hat sein Eigentum an dem Öl verloren.

Von dem Grundsatz, dass die Zustandshaftung mit dem Verlust des Eigentums endet, gibt es eine wichtige Ausnahme, nämlich die der **Dereliktion** (§ 959 BGB). Hierunter versteht man, dass der bisherige Eigentümer freiwillig auf das Eigentum an der Sache verzichtet und diese dadurch herrenlos wird. In diesen Fällen kann die Ordnungsbehörde die Maßnahmen an die Person richten, die das Eigentum an der Sache aufgegeben hat.

8 Beispiel aus Frings/Spahlholz, Rdnr. 258

Beispiele:

- *Peter Pudel fühlt sich einsam und hat sich den Hund „Paul", einen Golden Retriever/Sennenhund-Mischling, zugelegt. Nach kurzer Zeit wird ihm das regelmäßige Gassi-Gehen aber zu viel und er setzt Paul auf einem Autobahnparkplatz an der A 4 aus. Nach kurzer Zeit spaziert Paul zwischen Weisweiler und Langerwehe ziellos über die Autobahn.*
  Peter Pudel hat das Eigentum an Paul freiwillig aufgegeben. Der Hund ist dadurch nach § 959 BGB eine herrenlose Sache geworden. Peter Pudel ist daher Zustandsstörer nach § 18 Abs. 3 OBG.
- *Im Beispielsfall aus Kapitel 3.3 hat Günter Gummi das Eigentum an den Reifen aufgegeben. Diese sind dadurch nach § 959 BGB eine herrenlose Sache geworden. Günther Gummi kann daher nach § 18 Abs. 3 OBG als ehemaliger Eigentümer zur Gefahrenbeseitigung in Anspruch genommen werden.*

6.2.2 Der Inhaber der tatsächlichen Gewalt als Zustandsstörer

Ordnungsbehördliche Maßnahmen können nicht nur an den Eigentümer einer gefährlichen Sache oder des Tieres gerichtet werden. § 18 Abs. 2 Satz 1 OBG bestimmt, dass auch der **Inhaber der tatsächlichen Gewalt** als Zustandsstörer in Anspruch genommen werden kann.

Aus dem Gesetzeswortlaut („... <u>auch</u> der Inhaber der tatsächlichen Gewalt ...") ergibt sich, dass Eigentümer und Inhaber der tatsächlichen Gewalt zwei unterschiedliche Personen sein müssen. Wenn der Eigentümer auch die tatsächliche Gewalt über die gefährliche Sache oder das Tier ausübt, kann er daher nur nach § 18 Abs. 1 OBG in Anspruch genommen werden.

Unter dem Inhaber der tatsächlichen Gewalt versteht man die Person, die die tatsächliche Einwirkungsmöglichkeit auf die Sache hat, ohne gleichzeitig die rechtliche Herrschaft innezuhaben (Ziff. 18.2 VV OBG). Als Inhaber der tatsächlichen Gewalt kommt beispielsweise der Besitzer einer Sache infrage. Auch Mieter, Pächter, Nießbraucher etc. üben die tatsächliche Sachherrschaft aus und können daher Zustandsstörer nach § 18 Abs. 2 Satz 1 OBG sein.

Beispiel:
Im Garten des in Paderborn stehenden Hauses von Franz Fichte steht ein alter Baum, der bei einem schweren Gewitter vom Blitz getroffen wird. Der Baum wird stark beschädigt und ein großer Ast droht auf die stark genutzte Straße zu fallen. Das Haus hat Franz Fichte von Bernd Bude, der in Chemnitz wohnhaft ist, gemietet.
Zustandsstörer nach § 18 Abs. 1 OBG ist Bernd Bude, denn er ist Eigentümer des Grundstücks und damit auch Eigentümer des Baums, der auf dem Grundstück steht. Franz Fichte ist als Mieter des Grundstücks aber Inhaber der tatsächlichen Gewalt. Er ist daher Zustandsstörer nach § 18 Abs. 2 Satz 1 OBG.

In manchen Fällen wird die tatsächliche Sachherrschaft gegen den Willen des Eigentümers ausgeübt. Dann muss die Ordnungsbehörde nach § 18 Abs. 2 Satz 2 OBG diese Person zur Gefahrenabwehr heranziehen und kann nicht gegen den Eigentümer vorgehen. Der Grund dafür liegt darin, dass der Eigentümer in diesen speziellen Fällen nicht mehr die Möglichkeit hat, auf die ihm gehörende Sache einzuwirken.

Gegen den Willen des Eigentümers wird die tatsächliche Sachherrschaft immer dann ausgeübt, wenn der Inhaber der tatsächlichen Gewalt auch bereit ist, diese gegenüber dem Eigentümer zu behaupten bzw. zu verteidigen. Diese Voraussetzung wird immer bei Dieben anzunehmen sein.

Wird die tatsächlichen Sachherrschaft jedoch nur ohne Wissen des Eigentümers ausgeübt, dürfte in der Regel kein Fall des § 18 Abs. 2 Satz 2 OBG vorliegen.

Beispiele:

- *Der Gelegenheitsverbrecher Bruno Bruch sieht beim Sommerspaziergang einen am Straßenrand abgestellten Ferrari stehen. Weil er noch nie mit einem solch teuren Wagen gefahren ist, bricht er ihn kurzerhand auf, schließt ihn kurz und unternimmt eine kleine Spritztour. Unterwegs bekommt er Lust auf ein Eis und hält an einer Eisdiele an. Den Ferrari parkt er solange im absoluten Halteverbot.*
  Zustandsstörer ist hier nur Bruno Bruch, denn bei einem Dieb kann davon ausgegangen werden, dass er bereit ist, die tatsächliche Sachherrschaft auch dann gegen den Eigentümer zu behaupten, wenn dieser ihn zur Herausgabe der Sache auffordert. Dadurch übt er die Sachherrschaft gegen den Willen des Eigentümers aus. Die Ordnungsbehörde muss nach § 18 Abs. 2 Satz 1 gegen ihn vorgehen. Der Eigentümer des Ferraris ist kein Zustandsstörer.
  Bruno ist darüber hinaus auch Verhaltensstörer nach § 17 Abs. 1 OBG, weil er durch aktives Tun, nämlich das Abstellen des Autos im absoluten Halteverbot, die Gefahr verursacht hat.
- *Rolf Rost leiht seiner Schwester Rosalie sein altes Auto. Rosalies bester Freundin Anna geht an ihrem Auto die Lichtmaschine kaputt. Weil sie beruflich auf ein Auto angewiesen ist, leiht Rosalie ihr das Auto ihres Bruders weiter, den sie vorher nicht um Erlaubnis gefragt hat. Anna stellt das geliehene Auto verkehrsbehindernd ab.*
  Anna ist nicht nur Verhaltensstörerin nach § 17 Abs. 1 OBG, sondern auch Zustandsstörerin nach § 18 Abs. 2 OBG. Ob sie Störerin nach Satz 1 oder Satz 2 ist, hängt davon ab, ob sie die tatsächliche Sachherrschaft gegen den Willen von Rolf Rost ausgeübt hat. Rolf Rost wusste nicht, dass seine Schwester sein Auto an Anna weiter verleiht. Daraus kann man aber nicht schließen, dass es gegen seinen Willen geschehen ist. Das wäre nur dann der Fall, wenn Anna bereit wäre, die tatsächliche Sachherrschaft auch Rolf gegenüber zu behaupten, wenn dieser seinen Eigentumsherausgabeanspruch nach § 985 BGB geltend macht. Davon kann aber bei lebensnaher Betrachtungsweise nicht ausgegangen werden. Deswegen ist Anna Zustandsstörerin nach § 18 Abs. 2 Satz 1 OBG und Rolf Rost gleichzeitig Zustandsstörer nach § 18 Abs. 1 OBG.

Wenn die gegen den Willen des Eigentümers ausgeübte Sachherrschaft durch den Dritten beendet ist, weil er die Sachherrschaft verliert oder sie aufgibt, setzt die Zustandsverantwortlichkeit des Eigentümers jedoch wieder ein.

Beispiel:
Nachdem Bruno Bruch das Eis aufgegessen hat, setzt er seine Spritztour fort. Nach einer Stunde nimmt die Fahrt jedoch ein abruptes Ende, weil Bruno den Tank leergefahren hat. Er schafft es gerade noch, den Ferrari an den Straßenrand rollen zu lassen, wo er vor einer Ausfahrt zum Stehen kommt. Bruno macht sich zu Fuß aus dem Staub und lässt den Wagen zurück.
Bruno ist wiederum Verhaltensstörer nach § 17 Abs. 1 OBG. Allerdings hat er die tatsächliche Sachherrschaft, die er gegen den Willen des Eigentümers ausgeübt hat, aufgegeben. Er ist daher nicht mehr Störer nach § 18 Abs. 2 Satz 2 OBG. Hingegen setzt die Verantwortlichkeit des Eigentümers wieder ein, er ist jetzt Störer nach § 18 Abs. 1 OBG.

6.3 STÖRERMEHRHEITEN

Häufig ist es so, dass mehrere Personen ordnungspflichtig sind. Dann muss sich die Ordnungsbehörde die Frage stellen, ob sie einen oder mehrere Störer zur Gefahrenbeseitigung heranzieht. Sie muss also zwischen den verschiedenen Störern eine Auswahl treffen. Diese **Störerauswahl** ist eine Ermessensentscheidung, weswegen hierbei die in Kapitel 5 dargelegten Grundsätze zur Ermessenausübung berücksichtigt werden müssen.

Der oberste Grundsatz, der im Rahmen dieser Ermessensausübung beachtet werden muss, ist die **Effektivität der Gefahrenabwehr**. Im Vordergrund steht somit die Frage, wer die Gefahr am schnellsten und am wirkungsvollsten beseitigen kann. Unter Berücksichtigung des Prinzips der Verhältnismäßigkeit muss ferner beachtet werden, welcher Störer durch die aufgegebenen Maßnahmen voraussichtlich am wenigsten beeinträchtigt wird.

Beispiele:

- *Ein Unbekannter hat ein Hakenkreuz auf die Wand des Hauses von Horst Hütte gesprüht.*
  Der Unbekannte ist Verhaltensstörer nach § 17 Abs. 1 OBG, Horst Hütte ist Zustandsstörer nach § 18 Abs. 1 OBG. Ein ordnungsbehördliches Vorgehen gegen den Unbekannten ist aber nicht möglich. Deswegen wird die Ordnungsbehörde Horst Hütte mit Gefahrenabwehrmaßnahmen beauftragen.
- *Paul Pinte betreibt eine Gaststätte, in der er jeden Freitagabend Darts-Turniere veranstaltet. Die meisten Turnierteilnehmer sind Raucher und bitten Paul Pinte, während der Turniere das Rauchen zu erlauben. Paul hat zwar Bedenken, beugt sich aber schließlich dem Druck, um die für guten Umsatz sorgenden Gäste nicht zu verlieren und „übersieht" die rauchenden Gäste. Das Ganze geht eine Weile gut, aber schließlich*

findet eine Kontrolle des Ordnungsamtes statt und die Verstöße gegen § 3 Abs. 1 Satz 1 i. V. m. § 2 Nr. 7 NiSchG werden festgestellt.
Die rauchenden Gäste sind Verhaltensstörer nach § 17 Abs. 1 OBG, denn durch ihr Verhalten wird die Gefahr verursacht. Störer ist aber auch Paul Pinte, denn nach § 4 Abs. 2 Satz 1 Buchst. b) NiSchG ist er als Betreiber der Gaststätte verantwortlich für die Einhaltung der Rauchverbote und muss nach § 4 Abs. 2 Satz 2 NiSchG die erforderlichen Maßnahmen ergreifen, um eine Fortsetzung des Verstoßes oder einen neuen Verstoß gegen das Rauchverbot zu verhindern. Dieser öffentlich-rechtlichen Handlungspflicht ist er nicht nachgekommen, sodass er Verhaltensstörer durch Unterlassen ist.
Ein Vorgehen gegen die rauchenden Gäste ist wenig effektiv, denn die Ordnungsbehörde müsste gegen eine Vielzahl von Personen vorgehen. Weiterhin könnten beim nächsten Turnier Gäste anwesend sein, die bei dieser Kontrolle nicht angetroffen wurden und die sich „wie selbstverständlich" eine Zigarette anzünden. Effektiv hingegen wäre es, wenn die Ordnungsbehörde gegen Paul Pinte vorgeht und ihm aufgibt, in Zukunft Verstöße gegen das Nichtraucherschutzgesetz zu unterbinden.

Die Effektivität der jeweiligen Störer muss immer anhand des jeweiligen Einzelfalles beurteilt werden. Aufgrund der Vielzahl der möglichen Gefahrenlagen und denkbaren Konstellationen kann es keinen abschließenden „Kriterienkatalog" geben. Als Ergänzung zu den oben genannten Überlegungen kommen aber beispielsweise noch folgende weitere Aspekte in Betracht:

1. Wer hat die größere persönliche Leistungsfähigkeit?
2. Wer hat die größere sachliche Leistungsfähigkeit?
3. Wer ist der Gefahr örtlich am nächsten?

Beispiele:

- *Der 15-jährige Schüler Hansi Hupe hat den Autoschlüssel von seinem Vater Heiko entwendet und unternimmt mit dem neuen Porsche eine kleine Spritztour, die ihr Ende in einem Bach findet, in den er das Auto nach einem groben Fahrfehler gelenkt hat. Hansi rennt weinend nach Hause und beichtet seinem Vater, was er angestellt hat.*
  Hansi Hupe ist Verhaltensstörer nach § 17 Abs. 1 OBG. Die tatsächliche Gewalt über das im Bach liegende Auto hat er aufgegeben. Er ist deswegen kein Zustandsstörer mehr. Sein Vater Heiko Hupe ist als Eigentümer des Wagens Zustandsstörer nach § 18 Abs. 1 OBG.
  Hansi Hupe hat als Schüler kein eigenes Einkommen und könnte die Gefahrenabwehrmaßnahmen nicht finanzieren. In Anbetracht der Tatsache, dass sein Vater Heiko sich gerade einen neuen Porsche zugelegt hat, kann aber davon ausgegangen werden, dass er über entsprechende finanzielle Mittel verfügt. Er besitzt demnach die größere persönliche Leistungsfähigkeit und ist im Gegensatz zu seinem Sohn zu einer effektiven Gefahrenabwehr im Stande. Die Ordnungsbehörde wird deshalb ihn in Anspruch nehmen.

- *Der Rentner Bert Beet möchte im Garten seines von Stefan Schaufel gemieteten Hauses einen Teich anlegen. Stefan Schaufel, Inhaber eines großen Bauunternehmens, hat hierzu seine Zustimmung erteilt. Bert Beet ist körperlich nicht mehr in der Lage, die Arbeiten auszuführen, und seine Rente ist so gering, dass er keine Firma mit den Arbeiten beauftragen kann. Er bittet deswegen seine 15- und 17-jährigen Enkel Benjamin und Bastian, ihm zur Hand zu gehen Die beiden beschädigen bei den Grabungsarbeiten mit ihren Spitzhacken die Ölleitung, die vom unterirdischen Heizöltank ins Haus führt, und 2.000 Liter Heizöl fließen ins Erdreich.*
  Störer sind die Enkel Benjamin und Bastian nach § 17 Abs. 1 OBG. Bert Beet kann nach § 17 Abs. 3 OBG in Anspruch genommen werden, denn seine Enkel handeln als Verrichtungsgehilfen. Ferner ist Bert Beet als Mieter des Grundstücks Störer nach § 18 Abs. 2 Satz 1 OBG. Ordnungspflichtig ist aber auch Stefan Schaufel als Eigentümer des Grundstücks nach § 18 Abs. 1 OBG.
  Von allen infrage kommenden Störern dürfte nur Stefan Schaufel die Gefahr effektiv beseitigen können. Sowohl Bert als auch Benjamin und Bastian Beet können die notwendigen Gefahrenabwehrmaßnahmen nicht finanzieren und besitzen auch nicht die notwendigen Sachmittel, um sie selbst durchzuführen. In dem Bauunternehmen von Stefan Schaufel sind hingegen alle Maschinen und Fahrzeuge vorhanden, die notwendig sind, um das verunreinigte Erdreich abzutragen und abzufahren. Er besitzt daher von allen Störern die größere sachliche Leistungsfähigkeit und wird von der Ordnungsbehörde in Anspruch genommen werden.
- *Im Fall des vom Gewitter beschädigten Baumes aus Kapitel 6.2.2 wird die Ordnungsbehörde den Mieter Franz Fichte zur Gefahrenabwehr heranziehen. Er ist vor Ort anwesend, während Vermieter Bernd Bude in Chemnitz wohnt. Aufgrund der gegebenen örtlichen Nähe zur Gefahr wird Franz Fichte effektiver handeln können.*

Wenn unter Berücksichtigung des Grundsatzes der Effektivität der Gefahrenabwehr mehrere Störer vorhanden sind, die die Gefahr gleich wirkungsvoll und gleich schnell beseitigen können, dann (und **nur** dann!) dürfen in die Ermessensabwägung auch Gerechtigkeitsüberlegungen einfließen. So spricht beispielweise bei gleicher Effektivität einiges dafür, den Verhaltensstörer vor dem Zustandsstörer in Anspruch zu nehmen.

Beispiel:
Im obigen Fall des Hakenkreuzsprayers ist der Verursacher bekannt. Das Hakenkreuz wurde von Manfred Mies auf die Wand des Hauses von Horst Hütte gesprüht. Manfred Mies ist Verhaltensstörer nach § 17 Abs. 1 OBG, Horst Hütte ist Zustandsstörer nach § 18 Abs. 1 OBG. Wenn beide die Gefahr gleich effektiv beseitigen können, wird die Ordnungsbehörde Manfred Mies in Anspruch nehmen, denn er hat die Gefahr durch aktives Verhalten bewirkt und somit einen größeren Anteil am Zustandekommen als Horst Hütte, der keinen eigenen Beitrag zur Gefahrenentstehung geleistet hat.

Ebenfalls ist es bei gleicher Effektivität sachgerecht, Doppelstörer vor Einfachstörern zur Gefahrenabwehr heranzuziehen.

Beispiel:
Herbert Hinz repariert zusammen mit seinem Freund Konrad Kunz die Fensterläden in der zweiten Etage seines Hauses. Die Fensterläden befinden sich an der Giebelseite des Hauses und sind zur Straße und zum Bürgersteig hin gelegen. Die beiden agieren etwas unvorsichtig und lösen unbemerkt mehrere, durch Nägel festgehaltene Schieferplatten an der Hausfassade. In der Nacht fallen die ersten Schieferplatten auf den Gehweg, der am Haus vorbeiführt. Weitere Schieferplatten drohen bei der nächsten Windeinwirkung herunterzufallen.
Als mögliche Adressaten ordnungsbehördlicher Maßnahmen kommen hier Herbert Hinz und Konrad Kunz in Betracht. Herbert Hinz ist Störer nach § 17 Abs. 1 und nach § 18 Abs. 1 OBG, Konrad Kunz ist Störer nach § 17 Abs. 1 OBG. Beide sind zu einer effektiven Gefahrenabwehr in der Lage. Deshalb ist es sachgerecht, Herbert Hinz als Doppelstörer mit Gefahrenabwehrmaßnahmen zu beauftragen.

6.4 BEHÖRDEN ALS STÖRER

Gefahren können nicht nur von Privatpersonen, sondern auch von Behörden oder anderen Hoheitsträgern verursacht werden (siehe Kapitel 6.1.1.1). Ebenfalls können Behörden oder andere Hoheitsträger Eigentümer gefährlicher Sachen sein oder die tatsächliche Gewalt über diese besitzen.

Es ist der Ordnungsbehörde dann möglich, der störenden Behörde Gefahrenabwehrmaßnahmen aufzugeben, sofern die hoheitliche Tätigkeit der störenden Behörde dadurch nicht eingeschränkt wird.

Beispiel:
Die Gemeinde Erndtebrück besitzt in der Stadt Bad Berleburg ein unbebautes Grundstück, das aufgrund des Bewuchses schlecht einsehbar ist. Dieses wird in der letzten Zeit häufig genutzt, um dort illegal Müll zu entsorgen. Weil sich in dem Müll auch Küchenabfälle befinden, werden Ratten angezogen.
Wenn der Bürgermeister der Stadt Bad Berleburg dem Bürgermeister der Gemeinde Erndtebrück aufgibt, Rattenbekämpfungsmaßnahmen durchzuführen und anschließend den Müll zu entsorgen, betrifft dieses ausschließlich den Fiskalbesitz der Gemeinde Erndtebrück. In der Wahrnehmung seiner hoheitlichen Aufgaben wird der Bürgermeister der Stadt Erndtebrück nicht eingeschränkt. Die Gefahrenabwehrmaßnahmen durften daher erlassen werden.

Wird die störende Behörde hingegen durch die Gefahrenabwehrmaßnahmen in ihrer hoheitlichen Tätigkeit eingeschränkt, sind diese rechtswidrig und dürfen nicht ergriffen werden.

Beispiel:
Manfred Mecker wohnt direkt neben einer Feuerwehrwache. Nachts wacht er jedes Mal auf, wenn die Feuerwehr zu einem Einsatz gerufen wird und mit Blaulicht und Martinshorn die Wache verlässt. Er beschwert sich beim Ordnungsamt.
Unabhängig davon, dass Blaulicht und Martinshorn zulässige Sondersignale nach § 38 Abs. 1 StVO sind, darf der Feuerwehr die Verwendung zur Nachtzeit nicht untersagt werden, da sie sonst in ihrer hoheitlichen Tätigkeit eingeschränkt wäre.

Zu beachten ist in diesem Zusammenhang § 76 VwVG, wonach gegen Behörden und juristische Personen des öffentlichen Rechts Zwangsmittel unzulässig sind. Das bedeutet, dass die aufgegebenen Gefahrenabwehrmaßnahmen nicht vollstreckt werden können, wenn die störende Behörde diesen nicht nachkommt (zur Vollstreckung siehe Kapitel 8). In diesen Fällen muss die einschreitende Ordnungsbehörde die Aufsichtsbehörde der störenden Behörde einschalten, damit diese entsprechend einwirkt.

6.5 DER ORDNUNGSBEHÖRDLICHE NOTSTAND

Nicht immer ist es der Ordnungsbehörde oder der Polizei möglich, Gefahren durch die Inanspruchnahme von Störern oder durch den Einsatz eigener Kräfte abzuwehren. Man spricht dann vom **ordnungsbehördlichen Notstand** bzw. vom polizeilichen Notstand. Dann kann zur Gefahrenabwehr eine nicht verantwortliche Person, der sog. **Nichtstörer**, herangezogen werden. Diesem steht aber, im Gegensatz zu den rechtmäßig in Anspruch genommenen Verhaltens- oder Zustandsstörern, eine Entschädigung zu. Anspruchsgrundlage hierfür ist § 39 Abs. 1 Buchst. a) OBG.

Während der Verhaltensstörer die Gefahr durch sein Verhalten verursacht hat, hat der Zustandsstörer die Herrschaft über eine gefährliche Sache und kann entsprechend auf sie einwirken. Der Nichtstörer hingegen steht in keinerlei Verbindung zur Gefahr. Deswegen ist die Inanspruchnahme eines Nichtstörers nur unter den sehr strengen Voraussetzungen des § 19 Abs. 1 OBG möglich. Die Tatbestandsvoraussetzungen des § 19 Abs. 1 OBG müssen nicht alternativ, sondern kumulativ vorhanden sein. Das heißt, wenn auch nur eine der Voraussetzungen nicht erfüllt ist, ist die Inanspruchnahme eines Nichtstörers nicht möglich.

§ 19 Abs. 1 OBG knüpft die Inanspruchnahme eines Nichtstörers an folgende vier Voraussetzungen:

1. Gegenwärtige erhebliche Gefahr

   Ein Nichtstörer kann nach § 19 Abs. 1 Nr. 1 OBG nur zur Beseitigung einer **gegenwärtigen erheblichen Gefahr** herangezogen werden. Zum Begriff der gegenwärtigen erheblichen Gefahr siehe Kapitel 4.1.3.6.

2. Vorrang des Störers

   § 19 Abs. 1 Nr. 2 OBG fordert, dass **Maßnahmen gegen die nach den §§ 17 oder 18 OBG Verantwortlichen nicht oder nicht rechtzeitig möglich sind oder keinen Erfolg versprechen**.
   Diese Voraussetzung ist beispielsweise dann erfüllt, wenn es keinen Störer gibt (z. B. weil die Gefahr durch ein Naturereignis hervorgerufen wurde), dieser verstorben oder nicht zu erreichen ist. Ebenfalls ist diese Voraussetzung dann erfüllt, wenn die Störer unbekannt sind.

3. Unmöglichkeit der behördlichen Gefahrenabwehr

   Nach § 19 Abs. 1 Nr. 3 OBG ist es ebenso notwendig, dass die **Ordnungsbehörde die Gefahr nicht oder nicht rechtzeitig selbst oder durch Beauftragte abwehren kann**.
   Bevor die Ordnungsbehörde einen unbeteiligten Dritten zur Gefahrenabwehr heranzieht, muss sie alle anderen Möglichkeiten der Gefahrenabwehr ausgeschöpft haben. Die Abwehr von Gefahren hat vorrangig durch die Behörde selbst oder durch von ihr Beauftragte zu erfolgen. Die Inanspruchnahme eines Nichtstörers kommt also nur als letztes Mittel, als sog. Ultima Ratio, in Betracht.

4. Zumutbarkeit der Inanspruchnahme

   § 19 Abs. 1 Nr. 4 OBG regelt schließlich, dass **die Person ohne erhebliche eigene Gefährdung und ohne Verletzung höherwertiger Pflichten in Anspruch genommen werden kann**. Die Inanspruchnahme des Nichtstörers muss also für diesen zumutbar sein.

Die Maßnahmen gegen den Nichtstörer müssen auf das zeitlich notwendige Maß beschränkt bleiben. Das folgt aus § 19 Abs. 2 OBG, wonach die Maßnahmen nur aufrechterhalten werden dürfen, solange die Abwehr der Gefahr nicht auf andere Weise möglich ist.

Aufgrund der hohen Anforderungen, die § 19 OBG stellt, gehört die Inanspruchnahme eines Nichtstörers nicht zur regelmäßigen ordnungsbehördlichen Praxis. Die Hauptanwendungsfelder des ordnungsbehördlichen Notstands finden sich in der Bekämpfung unfreiwilliger Obdachlosigkeit sowie in der Bekämpfung der Folgen von Naturkatastrophen und Unfällen.

Beispiel:
Die Einweisung von Susi Sorglos in ihre bisherige Wohnung (siehe Fallbeispiel in Kapitel 5.5) ist befristet für drei Monate rechtmäßig.
Zunächst besteht durch die bevorstehende Zwangsräumung und die daraus resultierende Obdachlosigkeit von Susi Sorglos eine gegenwärtige erhebliche Gefahr für die öffentliche Sicherheit (vgl. § 19 Abs. 1 Nr. 1 OBG).
Ebenfalls sind Maßnahmen gegen die nach §§ 17 oder 18 Verantwortlichen nicht oder nicht rechtzeitig möglich oder versprechen keinen Erfolg (vgl. § 19 Abs. 1 Nr. 2 OBG). Susi Sorglos hat die Gefahr durch ihr Verhalten verursacht. Sie ist daher Verhaltensstörerin nach § 17 Abs. 1 OBG. Maßnahmen gegen sie versprechen jedoch keinen Erfolg, denn sie selbst ist nicht in der Lage, die drohende Obdachlosigkeit zu vermeiden. Weitere Störer gibt es nicht.
Die Ordnungsbehörde kann die Gefahr auch nicht selbst oder durch Beauftragte abwehren (vgl. § 19 Abs. 1 Nr. 3 OBG). So ist es nicht möglich, Susi Sorglos in öffentlichen Gebäuden wie im Rathaus, Schulen oder Sporthallen unterzubringen, denn hierdurch würde die Wahrnehmung anderer Verwaltungsaufgaben deutlich erschwert bzw. sogar unmöglich gemacht. Auch ist in den städtischen Wohnheimen aktuell kein Zimmer frei und alle Hotels und andere Beherbergungsbetriebe sind belegt. Daher kann dort für Susi Sorglos kein Zimmer angemietet werden. Eine Gefahrenabwehr durch die Ordnungsbehörde oder durch Beauftragte ist daher nicht möglich.
Die befristete Einweisung von Susi Sorglos in ihre alte Wohnung ist für den Vermieter auch nicht unzumutbar, denn er wird dadurch keiner erheblichen eigenen Gefährdung ausgesetzt oder in höherwertigen Pflichten verletzt (vgl. § 19 Abs. 1 Nr. 4 OBG).

7 DIE HANDLUNGSFORMEN DER ORDNUNGSBEHÖRDE

Nachdem bereits behandelt wurde, unter welchen Voraussetzungen die Ordnungsbehörde einschreiten (Kapitel 4 und 5) und gegen sie vorgehen darf (Kapitel 6), geht es in diesem Kapitel darum, wie die Ordnungsbehörde einschreitet.

Die mit Abstand wichtigste Handlungsform ist die sog. Ordnungsverfügung. Mit ihr geht die Ordnungsbehörde gegen einen Störer bzw. in Ausnahmefällen gegen einen Nichtstörer vor und gibt ihm Maßnahmen auf, um eine konkrete Gefahr abzuwehren.

Darüber hinaus kann die Ordnungsbehörde aber auch durch Verwaltungsrealakte tätig werden, ordnungsbehördliche Verordnungen erlassen oder Erlaubnisse erteilen.

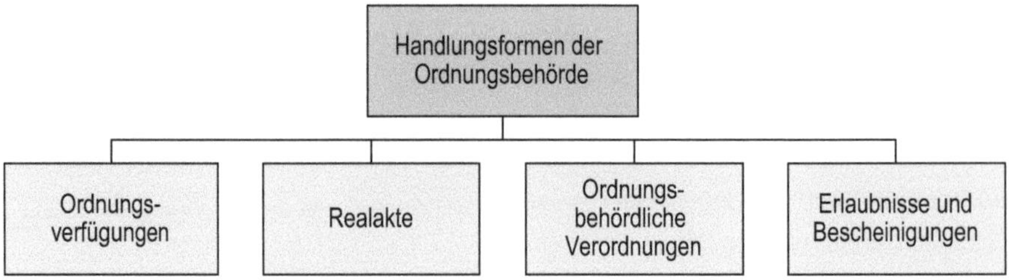

7.1 ORDNUNGSVERFÜGUNGEN

Der Begriff der **Ordnungsverfügung** wird in § 20 Abs. 1 Satz 1 OBG definiert. Danach ist eine Ordnungsverfügung eine Anordnung, durch die von bestimmten Personen oder einem bestimmten Personenkreis ein Handeln, Dulden oder Unterlassen verlangt oder eine Versagung, Einschränkung oder Zurücknahme einer rechtlich vorgesehenen ordnungsbehördlichen Erlaubnis ausgesprochen wird.

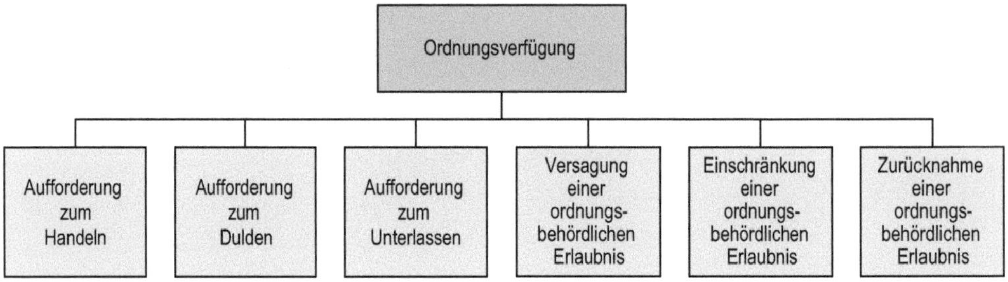

Beispiele:

- *Karl Karre wird aufgefordert, seine illegal erbaute Garage abzureißen (Aufforderung zum Handeln).*
- *Richard Reich wird aufgegeben, das Fällen seines Baumes durch seinen Mieter zu dulden (Aufforderung zum Dulden).*
- *Veronika Vogel wird aufgegeben, das Füttern wildlebender Tauben zu unterlassen (Aufforderung zum Unterlassen).*
- *Peter Pinte wird die beantragte Gaststättenerlaubnis nach § 4 Abs. 1 Nr. 1 GastG versagt, weil er vor einem halben Jahr rechtskräftig wegen Hehlerei verurteilt worden ist (Versagung einer ordnungsbehördlichen Erlaubnis).*
- *Die Sperrzeit für die Außengastronomie der Gaststätte „Zum Löwen" wird wegen Lärmbeschwerden der Anwohner auf 22:00 Uhr festgesetzt (Einschränkung einer ordnungsbehördlichen Erlaubnis).*
- *Rudi Raser wird wegen Trunkenheit am Steuer die Fahrerlaubnis entzogen (Zurücknahme einer ordnungsbehördlichen Erlaubnis).*

Bei einer Ordnungsverfügung handelt es sich um einen **belastenden Verwaltungsakt**. Sie ergeht (wie in den obigen Beispielsfällen) im Regelfall als Einzelverfügung, d. h. an einen individuellen Adressaten. Möglich sind aber auch Ordnungsverfügungen in Form einer **Allgemeinverfügung** nach § 35 Satz 2 VwVfG. Eine Allgemeinverfügung richtet sich nicht an eine einzelne Person, sondern an einen nach allgemeinen Merkmalen bestimmten oder bestimmbaren Personenkreis.

Beispiel:
Der Sommer 2022 war extrem trocken. Aufgrund des ausbleibenden Regens haben viele Bäche im Kölner Stadtgebiet immer weniger Wasser geführt, einige haben sogar gar kein Wasser mehr gehabt. Wegen der geringen Wasserstände werden die im Wasser lebenden Organismen und Pflanzen nachhaltig gestört. Ein Abpumpen bzw. die Entnahme von Wasser aus den Bächen verstärkt diese Beeinträchtigung noch erheblich. Deswegen hat die Oberbürgermeisterin der Stadt Köln als Untere Wasserbehörde die Entnahme von Wasser aus den im Kölner Stadtgebiet fließenden Bächen per Allgemeinverfügung verboten.

7.1.1 Die formelle Rechtmäßigkeit einer Ordnungsverfügung

Wie bereits dargelegt, handelt es sich bei einer Ordnungsverfügung um einen Verwaltungsakt. Deshalb ist sie – wie jeder andere Verwaltungsakt auch – formell rechtmäßig, wenn die Vorschriften über die Zuständigkeit, die Form und das Verfahren eingehalten werden. Bei der Wahl der anzuwendenden Vorschriften muss aber der Grundsatz beachtet werden, dass ein Spezialgesetz Vorrang vor einem Allgemeingesetz hat („Spezialgesetz geht vor Allgemeingesetz"). Deswegen sind zunächst die Regelungen des OBG zu beachten, denn dieses ist im Verhältnis zum VwVfG das speziellere Gesetz. Erst wenn das OBG keine Regelungen trifft, darf auf die des VwVfG zurückgegriffen werden.

7.1.1.1 Die Zuständigkeit

Die **Zuständigkeit** zum Erlass einer Ordnungsverfügung ergibt sich aus §§ 1, 4 und 5 OBG. Diese wurden bereits ausführlich in Kapitel 3 dargestellt.

7.1.1.2 Die Form

Für Verwaltungsakte gilt grundsätzlich das Prinzip der Formfreiheit, denn sie dürfen nach § 37 Abs. 2 VwVfG schriftlich, elektronisch, mündlich oder in anderer Weise erlassen werden. Für Ordnungsverfügungen gilt dieses jedoch nicht, denn nach § 20 Abs. 1 Satz 1 OBG müssen diese **schriftlich oder elektronisch** erlassen werden.

Bei Gefahr im Verzug (siehe Kapitel 4.1.3.6) bedarf es der Schriftform nach § 20 Abs. 1 Satz 2 OBG ausnahmsweise nicht. Allerdings muss die getroffene Maßnahme bei einem berechtigten Interesse des Betroffenen auf Verlangen schriftlich oder elektronisch bestätigt werden. Dieses Interesse ist praktisch immer gegeben, denn der Betroffene muss die Maßnahme nachvollziehen können, um dann ggf. mit anwaltlicher Hilfe die Erfolgsaussichten einer Klage einzuschätzen. Hierzu dürfte eine schriftliche oder elektronische Ordnungsverfügung notwendig sein.

Des Weiteren gelten die Formerfordernisse, die § 37 Abs. 3 VwVfG an einen schriftlichen oder elektronischen Verwaltungsakt stellt, auch für Ordnungsverfügungen, denn das OBG enthält hier keine abweichende Regelung. Eine Ordnungsverfügung muss daher die **erlassende Behörde** erkennen lassen und die **Unterschrift** oder die **Namenswiedergabe** des Behördenleiters, seines Vertreters oder seines Beauftragten enthalten.

Ferner müssen schriftliche und elektronische Ordnungsverfügungen nach § 20 Abs. 2 Satz 2 OBG eine **Rechtsbehelfsbelehrung** enthalten. Ein Verstoß hiergegen führt aber nicht zur Rechtswidrigkeit der Ordnungsverfügung, sondern nach § 58 Abs. 2 Satz 1 VwGO dazu, dass sich die Rechtsbehelfsfrist auf ein Jahr verlängert.

Ein letztes Formerfordernis ergibt sich aus Punkt 20.11 VV OBG. Hiernach soll eine Ordnungsverfügung auch als solche bezeichnet werden. Dieses geschieht im Regelfall dadurch, dass die schriftlichen Bescheide die **Überschrift** „Ordnungsverfügung“ tragen. Aber auch ein Verstoß gegen Punkt 20.11 VV OBG führt nicht zur Rechtswidrigkeit der Ordnungsverfügung. Das liegt daran, dass Verwaltungsvorschriften keine Außenwirkung haben, sondern reines „Innenrecht der Verwaltung“ sind. Deswegen kann sich der Bürger nicht auf Verwaltungsvorschriften berufen und ein Verstoß gegen diese bleibt ohne Folgen.

7.1.1.3 Das Verfahren

Zum Verwaltungsverfahren enthält das OBG keine Regelungen, sodass auf die Vorschriften der §§ 9 bis 30 VwVfG zurückgegriffen werden muss.

Von besonderer Bedeutung ist im Recht der Gefahrenabwehr die **Anhörung** nach § 28 Abs. 1 VwVfG. Danach muss einem Beteiligten Gelegenheit gegeben werden, sich zu den für die Entscheidung erheblichen Tatsachen zu äußern, bevor ein Verwaltungsakt erlassen wird, der in seine Rechte eingreift.

Diese Vorschrift wird häufig falsch interpretiert und dahingehend verstanden, dass generell vor Erlass eines belastenden Verwaltungsakts angehört werden muss. Das ist aber so nicht richtig, denn der Gesetzgeber hat dieses auf die Fälle beschränkt, in denen in die Rechte eines Beteiligten eingegriffen wird. In die Rechte eines Beteiligten greifen aber nicht alle belastenden Verwaltungsakte ein, sondern nur solche, die ihm eine rechtliche Verpflichtung auferlegen oder ein ihm bereits gewährtes Recht aufheben. Bei der **Ablehnung von Anträgen** hingegen liegt zwar ein belastender Verwaltungsakt vor, dieser greift aber nicht in Rechte eines Beteiligten ein.

Beispiele:

- *Willi Wiese wird verboten, seinen Laubbläser werktags in der Zeit von 20:00 bis 7:00 Uhr und an Sonn- und Feiertagen zu benutzen.*
  Durch diese Ordnungsverfügung wird Willi Wiese eine Verpflichtung auferlegt. Er muss daher vor Erlass des Verbots angehört werden.
- *Martin Münze wird die Erlaubnis zum Betrieb einer Spielhalle nach § 49 Abs. 2 Nr. 3 VwVfG widerrufen, weil er die Geldspielautomaten in seinem Betrieb manipuliert hat.*
  Martin Münze ist die Erlaubnis zum Betrieb einer Spielhalle nach § 33i GewO bereits erteilt worden. Dadurch wurde das Recht begründet, die Spielhalle zu betreiben. Durch den Widerruf wird deshalb in seine Rechte eingegriffen. Folglich muss Martin Münze vor Erlass des Widerrufs angehört werden.
- *Peter Preller wird die beantragte Maklererlaubnis nach § 34c Abs. 2 Nr. 1 GewO versagt, weil er wegen Untreue und Unterschlagung rechtskräftig zu einer Geldstrafe verurteilt wurde.*
  Peter Preller wurde noch keine Maklererlaubnis erteilt. Somit hat er nie das Recht besessen, als Makler tätig zu werden. Die Versagung der Maklererlaubnis greift daher nicht in ein bereits gewährtes Recht ein. Folglich ist vor Erlass des Ablehnungsbescheides keine Anhörung notwendig.

7.1.1.4 Die Begründung

§ 39 Abs. 1 Satz 1 VwVfG verlangt, dass ein schriftlicher oder elektronischer sowie ein schriftlich oder elektronisch bestätigter Verwaltungsakt schriftlich begründet wird. Das OBG enthält keine anderslautende Regelung, sodass dieses auch für schriftliche und elektronische Ordnungsverfügungen gilt.

Dass eine **Begründung** enthalten ist, ist eine Formvorschrift und damit eine formelle Rechtmäßigkeitsanforderung. Ob die Begründung inhaltlich richtig ist, betrifft hingegen die materielle Rechtmäßigkeit und muss auch dort geprüft werden.

7.1.2 Die materielle Rechtmäßigkeit einer Ordnungsverfügung

Die **materielle Rechtmäßigkeit** einer Ordnungsverfügung ist dann gegeben, wenn sie inhaltlich im Einklang mit dem geltenden Recht steht. Das ist der Fall, wenn eine Ermächtigungsgrundlage vorhanden ist und die allgemeinen Rechtmäßigkeitsanforderungen beachtet wurden.

7.1.2.1 Die Ermächtigungsgrundlage

Nach dem Grundsatz der Gesetzmäßigkeit der Verwaltung ist für belastende Maßnahmen eine **Ermächtigungsgrundlage** erforderlich. Die Ermächtigungsgrundlage wurde in Kapitel 4 behandelt.

7.1.2.2 Der Adressat

Eine Ordnungsverfügung muss sich an den richtigen Adressaten richten. Der **Adressat** der Ordnungsverfügung wurde in Kapitel 6 behandelt.

7.1.2.3 Ermessen und Verhältnismäßigkeit

Wenn die Ermächtigungsgrundlage der Ordnungsbehörde ein **Ermessen** einräumt, muss dieses unter Berücksichtigung des **Prinzips der Verhältnismäßigkeit** ausgeübt werden. Dieses wurde in Kapitel 5 behandelt.

Sollten mehrere Störer zur Gefahrenabwehr herangezogen werden können, ist auch bezüglich der Störerauswahl eine Ermessensentscheidung notwendig. Die anzustellenden Überlegungen sind in Kapitel 6.3 dargelegt.

7.1.2.4 Die inhaltliche Bestimmtheit

Eine Ordnungsverfügung muss nach § 37 Abs. 1 VwVfG **inhaltlich hinreichend bestimmt** sein. Das bedeutet, dass der Adressat zweifelsfrei erkennen kann, was von ihm verlangt wird und sie ohne weitere Konkretisierung als Vollstreckungsgrundlage dienen kann.

Beispiele:

- *Anwohner beschweren sich beim Ordnungsamt darüber, dass die Entlüftungsanlage des Restaurants von Karl Koch sehr laut ist. Nach einer durchgeführten Kontrolle gibt ihm die Ordnungsbehörde auf, dass die Entlüftungsanlage so abzuändern ist, dass sie „geräuscharm" betrieben wird.*
  Diese Anordnung ist inhaltlich nicht hinreichend bestimmt, denn Karl Koch kann ihr nicht entnehmen, was er konkret veranlassen muss. Das Wort „geräuscharm" ist hierfür zu unbestimmt. Die Ordnungsbehörde hätte einen konkreten Dezibel-Wert angeben müssen, der nicht überschritten werden darf.

- *Matthias Maurer hat an seinem Haus diverse Anbauten errichtet. Teilweise hat er Baugenehmigungen eingeholt, andere Anbauten hat er ohne Genehmigung errichtet. Als die Bauaufsichtsbehörde dies erfährt, gibt sie ihm auf, alle „nicht genehmigten Anbauten" abzureißen.*
  Matthias Maurer dürfte durchaus wissen, welche Anbauten er ohne Bauerlaubnis errichtet hat. Als Vollstreckungsgrundlage kann die Verfügung allerdings nicht dienen, denn ein mit der Vollstreckung beauftragter Dritter weiß dieses nicht und muss die Ordnungsverfügung erst durch Rückfragen konkretisieren. Sie ist daher zu unbestimmt. Die Bauaufsichtsbehörde hätte die ohne Genehmigung errichteten Anbauten konkret bezeichnen und der Ordnungsverfügung notfalls einen Plan beifügen müssen, auf dem diese markiert sind.

Zur Bestimmtheit gehört auch, dass die Behörde das **Mittel** festlegen muss, mit dem die Gefahr beseitigt werden muss. Stellt die Behörde dem Adressaten frei, mit welchem Mittel er die Gefahr beseitigt, so verstößt sie damit gegen den Bestimmtheitsgrundsatz.

Beispiel:
Die Ordnungsbehörde gibt dem Gastwirt Theo Taub durch schriftliche Ordnungsverfügung auf, Maßnahmen zu ergreifen, sodass der Geräuschpegel in der Nachbarwohnung 30 dB(A) nicht überschreitet.
Die Behörde hat hier nicht das Mittel bestimmt, mit dem Theo Taub erreichen soll, dass der Geräuschpegel in der Nachbarwohnung 30 dB (A) nicht überschreitet. Die Ordnungsverfügung ist daher inhaltlich nicht hinreichend bestimmt und rechtswidrig.
Gibt die Ordnungsbehörde hingegen auf, die Wand an der Kegelbahn so zu isolieren, dass der Geräuschpegel in der Nachbarwohnung 30 dB (A) nicht überschreitet, ist die Ordnungsverfügung rechtmäßig. Die Ordnungsbehörde hat hier das Mittel, mit dem die Gefahr abgewehrt werden soll, festgelegt. Das von der Ordnungsbehörde benannte Mittel zur Gefahrenbeseitigung ist die Isolierung. Dieses ist ausreichend. Es muss nicht ausgeführt werden, welche Art von Isolierung angebracht bzw. verwendet werden soll.

Für den Fall, dass zur Abwehr einer Gefahr mehrere Mittel in Betracht kommen, muss die Ordnungsbehörde diese nicht alle aufführen. Nach § 21 Satz 1 OBG genügt es dann, wenn eins davon bestimmt wird.

7.1.2.5 Keine Unmöglichkeit

Eine Ordnungsverfügung darf vom Adressaten nichts Unmögliches verlangen. Zu unterscheiden ist hier zwischen tatsächlicher und rechtlicher **Unmöglichkeit**.

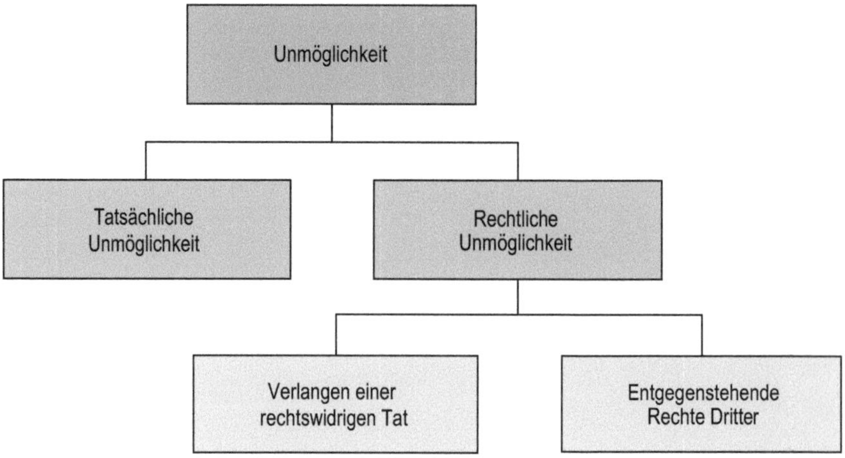

Tatsächliche Unmöglichkeit liegt vor, wenn die Ordnungsverfügung aus objektiven Gründen von niemandem ausgeführt werden kann. Eine solche Ordnungsverfügung ist rechtswidrig und auch nach § 44 Abs. 2 Nr. 4 VwVfG nichtig.

Beispiel:
Im Fall „Franz Fichte" aus Kapitel 6.2.2 gibt die Ordnungsbehörde Herrn Fichte auf, den Ast des Baumes zu entfernen. Die Ordnungsverfügung wird ihm mit Zustellungsurkunde am 15. Oktober bekanntgegeben. Der Ast ist aber während eines Herbststurms in der Nacht vom 14. auf den 15. Oktober auf die stark genutzte Straße gefallen.
Es ist objektiv unmöglich, der Ordnungsverfügung nachzukommen. Sie ist daher rechtswidrig und nach § 44 Abs. 2 Nr. 4 VwVfG nichtig.

Die Fälle des rein **subjektiven Unvermögens** stellen keinen Fall der tatsächlichen Unmöglichkeit dar und müssen von dieser strikt getrennt werden. Von subjektivem Unvermögen spricht man, wenn es nur dem Adressaten nicht möglich ist, der Ordnungsverfügung nachzukommen.

Beispiel:
Die altersschwache und bettlägerige Witwe Rosalie Rutschig kommt bei Schnee und Eisglätte nicht ihrer Räumpflicht nach. Nachdem auf dem spiegelglatten Bürgersteig vor ihrem Haus bereits mehrere Personen ausgerutscht sind, wird ihr mit schriftlicher Ordnungsverfügung aufgegeben, ihrer Räumpflicht nachzukommen und künftig werktags zwischen 7 und 20 Uhr sowie an Sonn- und Feiertagen zwischen 9 und 20 Uhr den Gehweg vor ihrem Haus nach Beendigung eines Schneefalls in einer Breite von 1,50 m von Schnee und Eis zu räumen.
Es wird Rosalie Rutschig aus gesundheitlichen Gründen nicht möglich sein, dieser Ordnungsverfügung Folge zu leisten. Dritten wäre die Befolgung jedoch möglich. Daher liegt ein Fall des subjektiven Unvermögens vor.

Ein subjektives Unvermögen führt nicht automatisch zur Rechtswidrigkeit der Ordnungsverfügung, denn der Empfänger dürfte im Regelfall dazu in der Lage sein, eine Firma mit der Umsetzung zu beauftragen.

Anders sieht es jedoch aus, wenn neben dem Adressaten, dem die Erfüllung subjektiv nicht möglich ist, weitere Störer vorhanden sind und diese zur Befolgung der Ordnungsverfügung in der Lage sind. Dann hat die Behörde das Auswahlermessen zwischen mehreren Störern falsch ausgeübt und die Ordnungsverfügung ist rechtswidrig.

Beispiel:
Wenn Rosalie Rutschig das Haus zusammen mit ihrem Bruder Robert bewohnt, dieser gesundheitlich nicht eingeschränkt und Miteigentümer des Hauses ist, wäre eine alleine an Rosalie Rutschig gerichtete Ordnungsverfügung aufgrund des subjektiven Unvermögens rechtswidrig.

Eine **rechtliche Unmöglichkeit** liegt vor, wenn der Adressat durch die Befolgung der Ordnungsverfügung gegen die Rechtsordnung verstoßen würde.

Das ist dann der Fall, wenn die Begehung einer rechtswidrigen Tat verlangt wird, die einen Straf- oder Bußgeldtatbestand verwirklicht. Eine solche Ordnungsverfügung wäre rechtswidrig und nach § 44 Abs. 2 Nr. 5 VwVfG nichtig.

Beispiel:
Unbekannte haben eine Weide des Bauern Kurt Kalb zum wiederholten Mal dazu genutzt, sich alter Autobatterien und ölhaltiger Motorenteile zu entledigen. Um weitere Verstöße gegen das Abfallrecht und eine daraus resultierende Grundwassergefährdung zu unterbinden, wird ihm aufgegeben, seine Weide mit einer Starkstromleitung gegen unbefugtes Betreten zu sichern.

Auch **entgegenstehende Rechte Dritter** sind ein Fall der rechtlichen Unmöglichkeit. Sie führen aber nicht zur Rechtswidrigkeit der Ordnungsverfügung, sondern stellen lediglich ein Vollstreckungshindernis dar. Solange der Dritte nicht sein Einverständnis zur Maßnahme erteilt oder mittels Duldungsverfügung zur Duldung der Maßnahme verpflichtet wird, darf die Ordnungsbehörde die Ordnungsverfügung nicht zwangsweise vollstrecken (siehe auch Kapitel 8.2.1).

Beispiel:
Im Fallbeispiel Richard Reich aus Kapitel 7.1 würde eine fehlende Duldungsverfügung die Ordnungsverfügung an den Mieter nicht rechtswidrig machen. Kommt der Mieter der Aufforderung zur Fällung des Baumes nicht nach, dürfte die Ordnungsverfügung aber nicht vollstreckt werden.

7.1.2.6 Das Verbot der Aufsichtserleichterung

Ordnungsverfügungen dürfen nach § 20 Abs. 2 Satz 1 OBG nicht lediglich den Zweck haben, die den Ordnungsbehörden obliegende Aufsicht zu erleichtern. Durch dieses **Verbot der Aufsichtserleichterung** soll verhindert werden, dass sich die Ordnungsbehörde bei Vorgängen, die schwierig zu überwachen sind, die Arbeit erleichtert und zwecks Vermeidung regelmäßiger Tatsachenermittlung eine Ordnungsverfügung erlässt.

Beispiel:
Der israelische Ministerpräsident kommt zu einem Staatsbesuch nach Deutschland. Geplant ist u. a. auch ein Treffen mit dem Bundespräsidenten in dessen Bonner Amtssitz, der Villa Hammerschmidt. Um Protestaktionen von in Deutschland lebenden Arabern und Palästinensern und eventuelle gewalttätige Ausschreitungen zu verhindern, verbietet die Oberbürgermeisterin der Stadt Bonn Arabern und Palästinensern durch eine Allgemeinverfügung während der Dauer des Staatsbesuchs die Einreise ins Bonner Stadtgebiet. Für in Bonn lebende Araber und Palästinenser wird für die Dauer des Staatsbesuchs eine Ausgangssperre erlassen.

Das Verbot der Aufsichtserleichterung ist von geringer Bedeutung. Dieses liegt insbesondere daran, dass in den meisten Fällen (und auch in dem obigen Beispiel) keine konkrete Gefahr vorliegt, sondern die Ordnungsverfügung ergeht, um eventuelle zukünftige Gefahren zu vermeiden. Auch ohne die Regelung des § 20 Abs. 2 Satz 1 OBG wären diese aufsichtserleichternden Ordnungsverfügungen aber rechtswidrig, weil ohne Vorliegen einer konkreten Gefahr die Voraussetzungen der ordnungsbehördlichen Generalklausel nicht erfüllt sind.

7.1.3 Der Aufbau einer Ordnungsverfügung

Es gibt keine Vorschriften über den **Aufbau einer Ordnungsverfügung**, lediglich der Pflichtinhalt ist gesetzlich geregelt und ergibt sich aus unterschiedlichen Normen des OBG und des VwVfG. In der Praxis hat sich jedoch weitgehend ein Aufbau durchgesetzt, der der Übersicht auf der nächsten Seite entspricht. Danach besteht die Ordnungsverfügung aus insgesamt sechs Abschnitten, nämlich dem Briefkopf, dem Bescheideingang, dem Tenor, der Begründung, der Rechtsbehelfsbelehrung sowie dem Bescheidausgang.

Briefkopf	**Stadt Köln** – Die Oberbürgermeisterin – Amt für öffentliche Ordnung Ottmar-Pohl-Platz 1 51103 Köln Auskunft erteilt: Herr Klug Telefon (0221) 221 – 1234 Telefax (0221) 221 – 4321 E-Mail: karl.klug@stadt-koeln.de Datum
Bescheideingang	Stadt Köln • Postfach 10 35 64 • 50475 Köln Mit Zustellungsurkunde Herrn Stefan Stein Kieselweg 2 50679 Köln Mein Zeichen Ggf. Ihr Zeichen O r d n u n g s v e r f ü g u n g **Gehweg vor Ihrem Grundstück Kieselweg 2, 50679 Köln** Sehr geehrter Herr Stein,
Tenor	1. Ich fordere Sie auf, den auf dem Gehweg vor Ihrem Grundstück Kieselweg 2 in 50679 Köln platzierten Findling zu entfernen. 2. Sollten Sie dieser Aufforderung nicht innerhalb von zwei Wochen nach Zustellung dieser Ordnungsverfügung nachkommen, werde ich den Findling im Wege der Ersatzvornahme auf Ihre Kosten durch einen Unternehmer entfernen lassen. Die Kosten hierfür werden voraussichtlich 1.000 EUR betragen. 3. Die sofortige Vollziehung dieser Ordnungsverfügung wird angeordnet.
Begründung	Begründung: 1. Sachverhaltsdarstellung 2. Rechtliche Begründung der Hauptentscheidung (Ziffer 1 des Tenors) 2.1. Begründung der Tatbestandsmerkmale der Ermächtigungsgrundlage 2.2. Ggf. Begründung des Ermessens 2.3. Ggf. Begründung der Verhältnismäßigkeit 2.4. Ggf. Begründung der Störerauswahl 3. Rechtliche Begründung der Nebenentscheidungen (Ziffer 2 und 3 des Tenors) Rechtliche Begründung der Zwangsmittelandrohung (Ziffer 2 des Tenors) Rechtliche Begründung der Anordnung der sofortigen Vollziehung (Ziffer 3 des Tenors)

Rechtsbehelfsbelehrung	Rechtsbehelfsbelehrung Gegen diesen Bescheid können Sie innerhalb eines Monats nach Bekanntgabe/Zustellung Klage beim Verwaltungsgericht Köln erheben. Zusätzliche Hinweise: Die Klage kann schriftlich, zur Niederschrift des Urkundsbeamten der Geschäftsstelle oder in elektronischer Form eingereicht werden. Die Adresse des Verwaltungsgerichts Köln lautet Appellhofplatz, 50667 Köln.
Bescheidausgang	Hochachtungsvoll Im Auftrag Klug

Darstellung nach Möller/Warg, Rdnr. 177

7.1.3.1 Der Briefkopf

Aus dem **Briefkopf** ergibt sich zunächst die erlassende Behörde sowie deren postalische Anschrift. Diese Angaben sind nach § 37 Abs. 3 VwVfG Pflichtbestandteil einer Ordnungsverfügung.

Neben diesen **Absenderangaben** enthält der Briefkopf auch Angaben zum Sachbearbeiter und dessen Erreichbarkeit, also beispielweise Namen, Telefonnummer, Faxnummer und E-Mail-Adresse.

In der ordnungsbehördlichen Praxis werden Ordnungsverfügungen auf einem von der Behörde zur Verfügung gestellten Kopfbogen erstellt, auf dem die notwendigen Angaben enthalten sind. Sollte in der Klausur das Fertigen einer Ordnungsverfügung verlangt sein, muss der Kopfbogen per Hand erstellt werden.

7.1.3.2 Der Bescheideingang

Der **Bescheideingang** enthält das Adressatenfeld und ggf. einen zusätzlichen Hinweis über die Zustellungsart. Ferner gehören zu diesem Abschnitt der Ordnungsverfügung die Überschrift, der Betreff und die Anrede.

Sollte sich der **Adressat** anwaltlich vertreten lassen, so soll die Ordnungsverfügung nach § 14 Abs. 3 Satz 1 VwVfG dem Anwalt gegenüber bekanntgegeben werden. Wird die Ordnungsverfügung zugestellt, dann ist sie dem Anwalt gegenüber zuzustellen, wenn dieser eine schriftliche Vollmacht vorgelegt hat (§ 7 Abs. 1 Satz 2 LZG).

Eine **Zustellung** ist für Ordnungsverfügungen nur dann zwingend notwendig, wenn sie gesetzlich vorgeschrieben ist. Das ist beispielsweise immer der Fall, wenn sie eine Zwangsmittelandrohung enthalten (§ 63 Abs. 6 VwVG, siehe Kapitel 8.2.1.1). Eine Zustellung empfiehlt sich aber auch dann, wenn keine Zwangsmittel angedroht werden, weil nur durch eine Zustellung der Zeitpunkt der Bekanntgabe genau bestimmt werden kann. Ebenfalls bestehen im Falle einer Zustellung keine Zweifel über den Beginn und das Ende der Rechtsbehelfsfrist.

Abzuraten ist von einer Zustellung mittels Einschreiben, denn dieser kann sich der Adressat durch eine Annahmeverweigerung entziehen. Auch wenn er ein beim Postamt hinterlegtes Einschreiben nicht abholt, wird dieses nicht zugestellt. Einer Zustellung durch die Post mittels Zustellungsurkunde oder durch die Ordnungsbehörde gegen Empfangsbekenntnis kann sich der Adressat nicht entziehen, denn diese gelten auch im Falle einer Annahmeverweigerung oder einer Niederlegung als zugestellt. Dieses ergibt sich für die Zustellung mittels Zustellungsurkunde aus § 3 Abs. 1 Satz 1 LZG i. V. m. § 179 Satz 3 bzw. § 181 Abs. 1 Satz 4 ZPO und für die Zustellung gegen Empfangsbekenntnis aus § 5 Abs. 2 Satz 1 LZG i. V. m. § 179 Satz 3 bzw. § 181 Abs. 1 Satz 4 ZPO.

Im Bescheideingang befindet sich auch die nach Punkt 20.11 VV OBG notwendige **Überschrift**.

Der **Betreff** ist gesetzlich nicht vorgeschrieben, er empfiehlt sich aber zwecks Übersichtlichkeit. Der Adressat kann dann auf den ersten Blick erkennen, um was es in dieser Ordnungsverfügung geht.

Unterschiedlich gehandhabt wird die **Anrede**. Diese ist gesetzlich nicht vorgeschrieben und teilweise wird mit der Begründung auf sie verzichtet, dass die Ordnungsbehörde dem Bürger übergeordnet sei und man sie deshalb als entbehrlich ansehe. Dieser Auffassung ist nicht zuzustimmen. Auch wenn die Ordnungsbehörde dem Bürger übergeordnet ist, so entspricht eine Anrede dem Gebot der Höflichkeit. Sollte die Notwendigkeit bestehen, eine Ordnungsverfügung wegen Gefahr im Verzug mündlich zu erlassen, wird man den persönlich anwesenden Adressaten auch begrüßen. Mit dieser mündlichen Begrüßung ist die Anrede in einer schriftlichen Ordnungsverfügung vergleichbar. Es sollte daher nicht auf sie verzichtet werden.

7.1.3.3 Der Tenor

Der **Tenor** beinhaltet die eigentliche Anordnung. Durch ihn wird festgelegt, welche Handlung der Adressat vornehmen, dulden oder unterlassen soll oder welche ordnungsbehördliche Erlaubnis versagt, eingeschränkt oder zurückgenommen wird. Der Tenor enthält also die eigentliche Regelung der Ordnungsverfügung.

Unterschieden wird zwischen Haupt- und Nebenentscheidungen. Die **Hauptentscheidung** beinhaltet die Regelungen, die zur eigentlichen Gefahrenabwehr erlassen werden. Als **Nebenentscheidungen** können Zwangsmittel angedroht oder die sofortige Vollziehung angeordnet werden (siehe hierzu jeweils Kapitel 8).

Es ist gesetzlich nicht geregelt, an welcher Stelle innerhalb der Ordnungsverfügung die Regelungen ausgesprochen werden müssen. Standardmäßig wird der Tenor aber an den Anfang der Ordnungsverfügung gestellt. Dieses ist zu begrüßen, denn so ist für den Adressaten auf den ersten Blick ersichtlich, was von ihm verlangt wird.

Vereinzelt werden Ordnungsverfügungen in der Praxis so aufgebaut, dass zuerst der Sachverhalt geschildert wird und erst dann der Tenor folgt. Dieses ist abzulehnen, denn eine solche Ordnungsverfügung ist nicht übersichtlich gestaltet. Aus dem gleichen Grund empfiehlt es sich auch nicht, den Tenor zu splitten und zunächst die Hauptentscheidung darzustellen, diese zu begründen, die Zwangsmittelandrohung hinter dieser Begründung folgen zu lassen, die Zwangsmittelandrohung zu begründen und anschließend die sofortige Vollziehung anzuordnen und zu begründen.

Aus Gründen der Verständlichkeit ist es ferner ratsam, den Tenor frei von Paragraphenangaben zu halten. Der Adressat einer Ordnungsverfügung ist in den allermeisten Fällen nicht juristisch geschult und dürfte sich von einem solchen Tenor „erschlagen" fühlen.

Beispiel:

1. *Hiermit untersage ich Ihnen gem. § 14 Abs. 1 des Gesetzes über den Aufbau und die Befugnisse der Ordnungsbehörden (OBG), im Bereich der Stadt Köln wildlebende Tauben zu füttern.*
2. *Für den Fall, dass Sie dieser Verfügung nicht nachkommen, drohe ich Ihnen gem. §§ 55 Abs. 1, 57, 60, 61 und 63 des Verwaltungsvollstreckungsgesetzes für das Land Nordrhein-Westfalen (VwVG) ein Zwangsgeld in Höhe von 500,– EUR für jeden Fall der Zuwiderhandlung an.*
3. *Die sofortige Vollziehung dieser Ordnungsverfügung wird nach § 80 Abs. 2 Satz 1 Nr. 4 der Verwaltungsgerichtsordnung (VwGO) angeordnet.*

Ein solcher Tenor wirkt total überfrachtet und ist für den Adressaten schwer verständlich. Er sollte wie folgt formuliert werden:

1. *Hiermit untersage ich Ihnen, im Bereich der Stadt Köln wildlebende Tauben zu füttern.*
2. *Für den Fall, dass Sie dieser Verfügung nicht nachkommen, drohe ich Ihnen ein Zwangsgeld in Höhe von 500,– EUR für jeden Fall der Zuwiderhandlung an.*
3. *Die sofortige Vollziehung dieser Ordnungsverfügung wird angeordnet.*

Ob die einzelnen Entscheidungen des Tenors nummeriert werden, ist Geschmackssache. Eine Nummerierung empfiehlt sich zumindest dann, wenn die Ordnungsverfügung mehr als eine Hauptentscheidung enthält. Durch die Nummerierung wird der Tenor dann übersichtlicher und in der rechtlichen Begründung kann auf die entsprechenden Ziffern verwiesen werden.

7.1.3.4 Die Begründung

Die **Begründung** ist nach § 39 Abs. 1 VwVfG vorgeschrieben und somit Pflichtbestandteil einer Ordnungsverfügung.

In der Begründung sind die **wesentlichen** tatsächlichen und rechtlichen Gründe mitzuteilen (§ 39 Abs. 1 Satz 2 VwVfG). Das bedeutet, dass nicht alle Details anzuführen sind, sondern die Ordnungsbehörde sich auf die tragenden und maßgeblichen Gründe beschränken darf.

Unter den **tatsächlichen Gründen** versteht man den der Ordnungsverfügung zugrundeliegenden Sachverhalt. Die Ordnungsbehörde muss den ihr bekannten Sachverhalt in der Ordnungsverfügung in den wesentlichen Zügen wiedergeben. Der Grund für diese Regelung ist, dass der Adressat erst durch die Wiedergabe des Sachverhalts fähig ist zu beurteilen, ob die ordnungsbehördliche Maßnahme auf einem richtigen und vollständigen Sachverhalt beruht. Dadurch wird er in die Lage versetzt, die Entscheidung nachzuvollziehen und - ggf. mit anwaltlicher Hilfe - die Erfolgsaussichten etwaiger Rechtsbehelfe zu beurteilen.

Im Anschluss an die tatsächliche folgt die **rechtliche Begründung**. Im Rahmen dieser muss die Behörde darlegen, warum der ihr bekannte Sachverhalt die Tatbestandsvoraussetzungen der Ermächtigungsgrundlage erfüllt. An dieser Stelle ist es zwingend notwendig, die einzelnen Rechtsgrundlagen konkret zu benennen. Nur wenn diese angegeben sind, ist es dem Adressaten möglich, ggf. nach rechtlicher Beratung die Erfolgsaussichten eines Rechtsbehelfs einzuschätzen. Sofern die Ordnungsverfügung auf der ordnungsbehördlichen Generalklausel beruht, muss die Behörde also anführen, dass Rechtsgrundlage für die Ordnungsverfügung § 14 Abs. 1 OBG ist und begründen, warum der zuvor geschilderte Sachverhalt eine Gefahr für die öffentliche Sicherheit oder Ordnung darstellt.

Räumt die Ermächtigungsgrundlage der Ordnungsbehörde Ermessen ein, muss auch dieses begründet werden. Nach § 39 Abs. 1 Satz 3 VwVfG soll die **Begründung von Ermessensentscheidungen** auch die Gesichtspunkte erkennen lassen, von denen die Behörde bei der Ausübung ihres Ermessens ausgegangen ist. Das bedeutet, dass für den Betroffenen zunächst erkennbar sein muss, dass die Behörde ihr Ermessen ausgeübt hat. Es bedeutet aber auch, dass die Behörde die eigentliche Ermessensabwägung wiedergeben muss. Sie muss die unterschiedlichen Interessen, die sie gegeneinander abgewogen hat, benennen und das Für und Wider des Abwägungsprozesses darstellen. Schließlich muss sie ausführen, welches Interesse höher zu bewerten war. Letztendlich muss auch dargestellt werden, warum die angeordnete Maßnahme verhältnismäßig ist.

Sofern die Ermächtigungsgrundlage keine Aussage zum Adressaten trifft, muss begründet werden, wer alles Störer ist und warum der Adressat zur Gefahrenabwehr herangezogen wurde.

Anschließend müssen die Nebenentscheidungen begründet werden. Es muss dargestellt werden, warum man Zwangsmittel angedroht hat und warum man sich für das konkrete Zwangsmittel entschieden hat (siehe Kapitel 8). Bei einer Zwangsgeldandrohung ist ferner die konkrete Höhe des Zwangsgeldes zu begründen. Zuletzt erfolgt die Begründung der Anordnung der sofortigen Vollziehung (siehe ebenfalls Kapitel 8).

Geschmackssache ist, ob in einer praxisgerechten Ordnungsverfügung auch Ausführungen zur Zuständigkeit gemacht werden sollen. Streng genommen dürfte dieses entbehrlich sein, denn dadurch, dass die Ordnungsbehörde die Ordnungsverfügung erlässt, wird deutlich, dass sie sich für zuständig hält. Auch wird die Zuständigkeit der handelnden Behörde im Rahmen eines Rechtsbehelfsverfahrens regelmäßig nicht bestritten.

7.1.3.5 Die Rechtsbehelfsbelehrung

Die **Rechtsbehelfsbelehrung** ist nach § 20 Abs. 2 Satz 2 OBG ein Pflichtbestandteil der Ordnungsverfügung.

Die notwendigen Bestandteile für eine Rechtsbehelfsbelehrung ergeben sich aus § 58 Abs. 1 VwGO. Danach muss eine Rechtsbehelfsbelehrung Angaben über

- den statthaften Rechtsbehelf,
- das Gericht, bei dem der Rechtsbehelf einzulegen ist,
- dessen Sitz (d. h. nur Angabe des Orts, die Adresse ist nicht notwendig) und
- die einzuhaltende Frist

enthalten.

Es empfiehlt sich, die Rechtsbehelfsbelehrung auf die notwendigen Bestandteile zu beschränken. Weitergehende freiwillige Hinweise, z. B. über die Form der Klageerhebung, können gemacht werden, sollten aber durch eine neue Überschrift deutlich von der Rechtsbehelfsbelehrung abgesetzt werden. Andernfalls führt ein Fehler in den freiwilligen Hinweisen dazu, dass die komplette Rechtsbehelfsbelehrung unrichtig ist und sich die Rechtsbehelfsfrist nach § 58 Abs. 2 Satz 1 VwGO auf ein Jahr erhöht.

Sollte die Ordnungsverfügung mittels Einschreiben zugestellt werden, muss ferner darauf geachtet werden, deutlich zu formulieren, dass die Klage „innerhalb eines Monats nach Zustellung" der Ordnungsverfügung erhoben werden kann. Wählt man stattdessen die Formulierung „innerhalb eines Monats nach Zugang" oder „innerhalb eines Monats nach Bekanntgabe", führt dieses ebenfalls dazu, dass die Rechtsbehelfsbelehrung unrichtig erteilt wurde.

Zur Fehlerminimierung empfiehlt es sich, bei Zustellung einer Ordnungsverfügung – egal ob durch Zustellungsurkunde, Einschreiben oder Empfangsbekenntnis – generell die Formulierung „innerhalb eines Monats nach Zustellung" zu verwenden und nur im Falle der nichtförmlichen Bekanntgabe, beispielsweise durch einfachen Brief, die Formulierung „innerhalb eines Monats nach Bekanntgabe" zu wählen.

7.1.3.6 Der Bescheidausgang

Der Bescheidausgang enthält die Grußformel und die Unterschrift.

Ebenso wie die Anrede ist auch die **Grußformel** rechtlich nicht vorgeschrieben und damit kein Pflichtbestandteil einer Ordnungsverfügung. Sie sollte aber – ebenso wie die Anrede – aus Höflichkeitsgründen enthalten sein.

Abzuraten ist von der Grußformel „Mit freundlichen Grüßen". Je nach Inhalt der Ordnungsverfügung kann diese Grußformel beim Adressaten den Eindruck erwecken, man wolle ihn verhöhnen. Ordnungsverfügungen sollten daher besser mit der Grußformel „Hochachtungsvoll" enden.

Die **Unterschrift** bzw. Namenswiedergabe ist nach § 37 Abs. 3 VwVfG vorgeschrieben. Hierbei ist zu beachten, dass nur der Behördenleiter ohne Zusatz unterschreibt. Die Vertreter des Behördenleiters (z. B. Beigeordnete) unterschreibt mit dem Zusatz „In Vertretung" und alle anderen Mitarbeiter mit dem Zusatz „Im Auftrag".

7.2 REALAKTE

Die Ordnungsbehörden werden zur Gefahrenabwehr nicht nur durch Verwaltungsakte und damit regelnd tätig. Eine Vielzahl von Gefahrenabwehrmaßnahmen erfolgt durch Handlungen, die nicht auf Rechtswirkungen gegenüber einer bestimmten Person oder einem nach allgemeinen Merkmalen bestimmten oder bestimmbaren Personenkreis gerichtet sind. Hierbei handelt es sich um tatsächliche Handlungen der Ordnungsbehörden, sog. **Realakte**.

Beispiele:

- *Nach ein paar strengen Winternächten sind die Silberseen sowie die umliegenden Teiche in Haltern am See zugefroren. Der Bürgermeister der Stadt Haltern am See warnt im Lokalradio vor dem Betreten der zu dünnen Eisfläche.*
- *Walter Wachsam, Mitarbeiter des Ordnungsamtes Lüdenscheid, ist unterwegs zu einer Gaststättenkontrolle. Er sieht auf dem Bürgersteig eine Bananenschale liegen, hebt sie auf und schmeißt sie in den nächsten Abfalleimer.*

Realakte stellen meist keinen Eingriff in die Rechte eines Bürgers dar. Deswegen benötigt die Ordnungsbehörde hierfür keine Ermächtigungsgrundlage. Die Befugnis für solche nicht belastenden Realakte basiert auf der Aufgabenzuweisung. Sie dürfen aber wegen des Prinzips vom Vorrang des Gesetzes nicht gegen Rechtsnormen verstoßen.

Etwas anderes gilt jedoch, wenn Realakte durch einen Eingriff in die Rechte eines Bürgers belastend wirken. Dann ist nach dem Prinzip vom Vorbehalt des Gesetzes eine Ermächtigungsgrundlage erforderlich. Gestützt werden können solche Realakte auf die ordnungsbehördliche Generalklausel des § 14 Abs. 1 OBG.

Beispiel:
Der Bauer Hans Henne verkauft in seinem Hofladen in Breckerfeld frische Eier. Nachdem festgestellt wird, dass diese mit Salmonellen verseucht sind, warnt der Landrat des Ennepe-Ruhr-Kreises als zuständige Kreisordnungsbehörde vor dem Verzehr dieser Eier.
Die Warnung bedeutet für Hans Henne einen großen Imageverlust. Auch dürften die restlichen im Hofladen angebotenen Produkte weniger gekauft werden als früher. Die Warnung bedeutet daher für Hans Henne eine Belastung und einen damit verbundenen Eingriff in seine Rechte. Der Landrat des Ennepe-Ruhr-Kreises benötigt deswegen für die Warnung eine Ermächtigungsgrundlage.

Auch die Anwendung eines Zwangsmittels nach § 65 VwVG (siehe Kapitel 8.2.1.3.) ist durch den damit verbundenen Rechtseingriff ein belastender Realakt.

7.3 ORDNUNGSBEHÖRDLICHE VERORDNUNGEN

Die Gefahrenabwehr durch ordnungsbehördliche Verordnung ist in §§ 25 ff. OBG geregelt. Nach § 25 Satz 1 OBG sind **ordnungsbehördliche Verordnungen** Ge- oder Verbote, die für eine unbestimmte Anzahl von Fällen an eine unbestimmte Anzahl von Personen gerichtet sind.

Aus dieser Definition wird deutlich, dass eine ordnungsbehördliche Verordnung kein Verwaltungsakt ist, denn Verwaltungsakte richten sich an eine bestimmte Person oder aber in Form der Allgemeinverfügung an einen nach allgemeinen Merkmalen bestimmten oder bestimmbaren Personenkreis.

Von ihrem Rechtscharakter her handelt es sich bei einer ordnungsbehördlichen Verordnung daher um eine **Rechtsverordnung**. Erlassen werden kann eine solche nach § 26 Abs. 1 OBG entweder von den Ministerien oder aber nach § 27 Abs. 1 OBG von den Ordnungsbehörden.

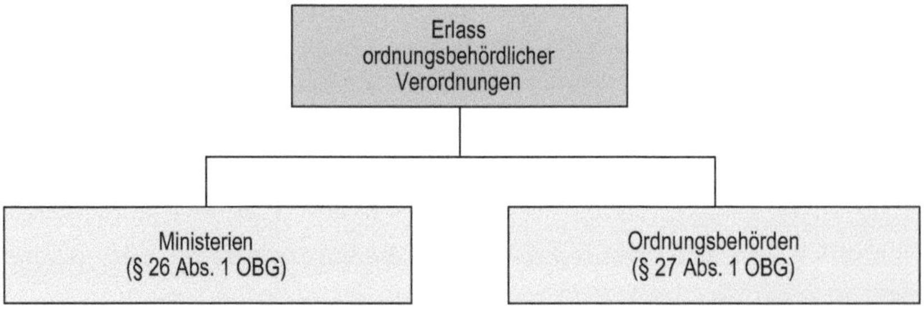

Sowohl nach § 26 OBG als auch nach § 27 OBG können ordnungsbehördliche Verordnungen zur Abwehr von Gefahren für die öffentliche Sicherheit oder Ordnung erlassen werden. Hier fällt auf, dass im Gegensatz zu § 14 Abs. 1 OBG keine „im einzelnen Falle bestehende Gefahr", sondern eine „Gefahr" gefordert wird. Zum Erlass einer ordnungsbehördlichen Verordnung muss also keine konkrete, sondern eine **abstrakte** Gefahr vorliegen (zum Unterschied siehe Kapitel 4.1.3.4). Durch die Verbote oder Gebote einer ordnungsbehördlichen Verordnung soll verhindert werden, dass die abstrakt vorhandene Gefahr zur konkreten Gefahr wird.

Beispiele:
- *In nahezu allen Gemeinden und Städten existiert eine „ordnungsbehördliche Verordnung zur Aufrechterhaltung der öffentlichen Sicherheit und Ordnung" oder eine „Stadtordnung". Inhaltlich werden durch diese u. a. das aggressive Betteln, die Fütterung von Tauben oder der Konsum und das Mitführen alkoholischer Getränke auf Spielplätzen verboten oder das Gebot festgeschrieben, Eiszapfen an Gebäuden zu entfernen, wenn die Gefahr des Herunterfallens in den öffentlichen Raum besteht.*
- *Der Minister für Generationen, Familie, Frauen und Integration des Landes NRW hat mit der Ordnungsbehördlichen Verordnung zur Verhütung von Gefahren durch unbemannte Fluglaternen (FluglatV) die sog. Himmelslaternen bzw. Kong-Ming-Laternen verboten. Mit dieser Verordnung sollen insbesondere Haus- und Waldbrände verhindert werden.*

Durch den Charakter der Rechtsverordnung sind die ordnungsbehördlichen Verordnungen Rechtsnormen und zählen damit zum Schutzgut der öffentlichen Sicherheit. Ein Verstoß gegen eine ordnungsbehördliche Verordnung kann daher durch eine Ordnungsverfügung unterbunden werden.

Wirksamkeit erlangen Ordnungsbehördliche Verordnungen durch **Verkündung**. Ordnungsbehördliche Verordnungen der Ministerien werden im Gesetz- und Verordnungsblatt für das Land Nordrhein-Westfalen verkündet (§ 33 Abs. 1 Satz 1, 1. HS OBG). Die Verkündung der Verordnungen der Landesordnungsbehörden erfolgt in den Regierungsamtsblättern (§ 33 Abs. 1 Satz 1, 2. HS OBG). Wird die ordnungsbehördliche Verordnung von einer örtlichen Ordnungsbehörde oder einer Kreisordnungsbehörde erlassen, wird sie an der Stelle verkündet, die für die öffentliche Bekanntmachung von Satzungen vorgesehen ist (§ 33 Abs. 1 Satz 2 OBG).

Ordnungsbehördliche Verordnungen treten, sofern in ihnen nichts anderes bestimmt ist, eine Woche nach dem Tag ihrer Verkündung in Kraft (§ 33 Abs. 2 Satz 1 OBG).

Ordnungsbehördliche Verordnungen sollen nach § 32 Abs. 1 OBG eine Beschränkung der Geltungsdauer enthalten, die Geltungsdauer darf nicht mehr als 20 Jahre betragen. Sofern eine ordnungsbehördliche Verordnung keine Beschränkung der Geltungsdauer enthält, tritt sie 20 Jahre nach ihrem Inkrafttreten außer Kraft.

7.4 ERLAUBNISSE UND BESCHEINIGUNGEN

Auch durch ordnungsbehördliche Erlaubnisse und Bescheinigungen können Gefahren abgewehrt werden.

Der Unterschied zwischen Erlaubnissen und Bescheinigungen liegt darin, dass eine **Erlaubnis** ein Verwaltungsakt ist, der eine bestimmte Tätigkeit genehmigt. Die **Bescheinigung** hingegen ist eine Urkunde, mit der der Erlaubnisinhaber nachweisen kann, dass er in Besitz der entsprechenden Erlaubnis ist.

Beispiele:
- *Die Fahrerlaubnis ist eine ordnungsbehördliche Erlaubnis. Der Führerschein ist die Urkunde, mit der nachgewiesen wird, dass die Fahrerlaubnis erteilt wurde.*
- *Die Jagderlaubnis ist eine ordnungsbehördliche Erlaubnis. Der Jagdschein ist die Urkunde, mit der nachgewiesen wird, dass die Jagderlaubnis erteilt wurde.*
- *Die Erlaubnis zur Fahrgastbeförderung wird durch den Taxischein dokumentiert.*

Geregelt werden die ordnungsbehördlichen Erlaubnisse und Bescheinigungen in § 23 OBG. Der Gesetzgeber unterscheidet hier zwischen gebundenen und freien Erlaubnissen und Bescheinigungen.

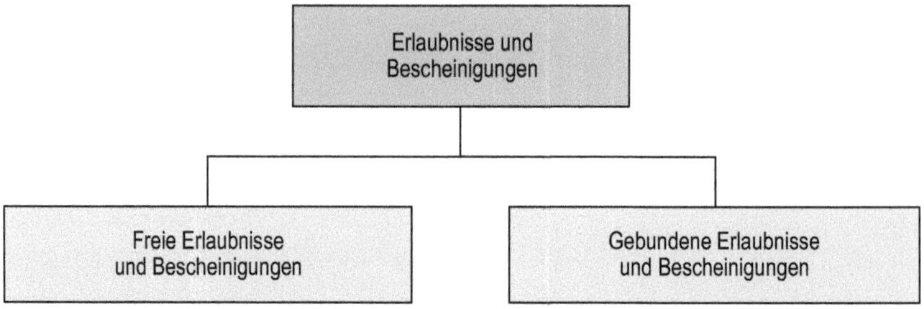

Auf eine **gebundene Erlaubnis oder Bescheinigung** hat der Antragsteller unter bestimmten Voraussetzungen einen Rechtsanspruch. Sie darf nur versagt werden, wenn diese Voraussetzungen nicht vorliegen (§ 23 Satz 1 OBG).

Beispiele:
- *Die Erlaubnis zum Halten eines gefährlichen Hundes ist nach § 4 Abs. 1 Satz 2 LHundG eine gebundene Erlaubnis („Die Erlaubnis wird nur erteilt, wenn ...").*
- *Die Fahrerlaubnis nach § 2 Abs. 2 Satz 1 StVG ist ebenfalls eine gebundene Erlaubnis („Die Fahrerlaubnis ist für die jeweilige Klasse zu erteilen, wenn ...").*

Die Erteilung einer **freien Erlaubnis oder Bescheinigung** ist in das pflichtgemäße Ermessen der Behörde gestellt. Sofern Spezialgesetze nichts anderes regeln, dürfen diese nur versagt werden, wenn dies der Erfüllung ordnungsbehördlicher Aufgaben dient (§ 23 Satz 2 OBG).

Beispiele:

- *Die Sondernutzungserlaubnis nach § 18 Abs. 1 Satz 2 StrWG ist eine freie Erlaubnis („Die Sondernutzungserlaubnis bedarf der Erlaubnis der Straßenbaubehörde").*
- *Die wasserrechtliche Erlaubnis nach § 8 Abs. 1 WHG ist ebenfalls eine freie Erlaubnis („Die Benutzung eines Gewässers bedarf der Erlaubnis oder der Bewilligung ...").*

Auf den ersten Blick leuchtet vielleicht nicht direkt ein, dass mit ordnungsbehördlichen Erlaubnissen Gefahren abgewehrt werden können. Allerdings kann von gewissen Lebenssachverhalten oder Handlungen grundsätzlich eine Gefahr ausgehen. Deswegen sind sie erst dann gestattet, wenn nach Überprüfung personen- und/oder sachbezogener Voraussetzungen eine entsprechende Erlaubnis erteilt wurde. Man spricht in diesem Zusammenhang auch von einem **präventiven Verbot mit Erlaubnisvorbehalt**.

Beispiele:

- *Von einer motorisierten Teilnahme am Straßenverkehr gehen grundsätzlich Gefahren aus. Diese können sich daraus ergeben, dass der Fahrzeugführer das Kraftfahrzeug nicht beherrscht oder aber das Kraftfahrzeug nicht verkehrstauglich ist. Um die Risiken zu minimieren, darf man erst dann ein Kraftfahrzeug führen, wenn man seine Eignung zum Führen eines solchen nachgewiesen und eine Fahrerlaubnis besitzt (personenbezogene Voraussetzung) und man darf nur solche Fahrzeuge führen, die vom TÜV begutachtet und zugelassen sind (sachbezogene Voraussetzung).*
- *Auch vom Betrieb einer Gaststätte können Gefahren ausgehen. Deswegen bedarf es hierzu einer Erlaubnis, die nur erteilt wird, wenn man seine Zuverlässigkeit nachgewiesen hat (personenbezogene Voraussetzung). Die Gefahren können aber nicht nur vom Betreiber ausgehen, sondern auch von baulichen Gegebenheiten. Deswegen muss für das Gebäude eine entsprechende baurechtliche Nutzungsgenehmigung erteilt werden (sachbezogene Voraussetzung).*

Neben dem präventiven Verbot mit Erlaubnisvorbehalt gibt es auch ein **repressives Verbot mit Befreiungsvorbehalt**. Hierbei handelt es sich um Tätigkeiten oder Verhaltensweisen, die grundsätzlich verboten sind und nur ausnahmsweise im Einzelfall bzw. nur in atypischen Fällen erlaubt werden.

Beispiele:
- *Für Gaststättenbetriebe gilt nach § 3 Abs. 3 Satz 1 GewRV eine allgemeine Sperrzeit von 05:00 Uhr bis 06:00 Uhr. Während dieser Sperrzeit dürfen sich keine Gäste in der Gaststätte aufhalten. Nur bei Vorliegen eines öffentlichen Bedürfnisses oder besonderer örtlicher Verhältnisse kann die Sperrzeit für einzelne Betriebe verlängert, verkürzt oder aufgehoben werden.*
- *Innerhalb des befriedeten Bezirks („Bannmeile") um den Deutschen Bundestag, den Bundesrat und das Bundesverfassungsgericht sind öffentliche Versammlungen und Aufzüge nach § 2 Satz 1 BefBezG verboten. Ausnahmen sind nach § 3 Abs. 1 Satz 1 BefBezG nur zuzulassen, wenn eine Beeinträchtigung der Tätigkeit des Deutschen Bundestags und seiner Fraktionen, des Bundesrats oder des Bundesverfassungsgerichts sowie ihrer Organe und Gremien und eine Behinderung des freien Zugangs zu ihren in dem befriedeten Bezirk gelegenen Gebäuden nicht zu besorgen ist.*

Eine **Anzeigepflicht** ist nicht gleichbedeutend mit einer ordnungsbehördlichen Erlaubnis und macht eine solche auch nicht notwendig. Die Anzeigepflicht dient dazu, die Ordnungsbehörden frühzeitig über mögliche Gefahrenquellen zu unterrichten. Wenn es im Rahmen der anzeigepflichtigen Tätigkeit dann tatsächlich zu einer Gefahr kommt, wird die Ordnungsbehörde die Tätigkeit einschränken oder untersagen.

Beispiel:
Nach § 1 Abs. 1 GewO gilt Gewerbefreiheit. Das bedeutet, dass jeder zur Ausübung eines Gewerbes berechtigt ist, solange für das Gewerbe keine Erlaubnis notwendig ist. Allerdings muss die Gewerbeausübung nach § 14 Abs. 1 Satz 1 GewO bei der zuständigen Behörde angezeigt werden. Diese Gewerbeanzeige wird umgangssprachlich häufig „Gewerbeschein" oder gar „Gewerbeerlaubnis" genannt. Sie ist aber keine Erlaubnis, sondern eine Anzeige, zu der der Gewerbetreibende verpflichtet ist. Sollte sich im Laufe der Gewerbeausübung herausstellen, dass der Gewerbetreibende nicht die erforderliche Zuverlässigkeit besitzt und deshalb Gefahren von der Gewerbeausübung ausgehen, ist die weitere Gewerbeausübung nach § 35 Abs. 1 Satz 1 GewO zu untersagen.

8 DER VERWALTUNGSZWANG

Nicht jeder Adressat einer Ordnungsverfügung ist einsichtig und kommt dieser nach. Dieses kann im Interesse der Allgemeinheit, die durch die Ordnungsverfügung vor Gefahren geschützt werden soll, nicht hingenommen werden. Deswegen hat der Gesetzgeber mit der sog. **Verwaltungsvollstreckung** Möglichkeiten geschaffen, eine Ordnungsverfügung notfalls zwangsweise durchzusetzen.

Im Rahmen der Verwaltungsvollstreckung wird unterschieden zwischen der Vollstreckung von Geldforderungen, die **Beitreibung** genannt wird, und der Vollstreckung von Handlungen, Duldungen und Unterlassungen. Diese heißt **Verwaltungszwang**. Weil in der ordnungsbehördlichen Praxis die Erzwingung von Handlungen, Duldungen und Unterlassungen mehr Bedeutung hat, wird sich im Unterricht und damit auch in diesem Lehrbuch auf den Bereich des Verwaltungszwangs beschränkt.

Für die Ordnungsbehörden ist die Anwendung des Verwaltungszwangs im VwVG geregelt. Sollte die Polizei Zwang anwenden müssen, finden sich die entsprechenden Regelungen in §§ 50 ff. PolG.

Spezialgesetzliche Vorschriften gehen diesen Regelungen aber vor. So erfolgt beispielsweise die Abschiebung eines ausgewiesenen Ausländers nach § 58 AufenthG und für die Beendigung einer unerlaubten Sondernutzung gilt § 22 Satz 2 StrWG.

8.1 DIE ZWANGSMITTEL

Der Ordnungsbehörde stehen nach § 57 Abs. 1 VwVG drei verschiedene **Zwangsmittel** zur Durchsetzung ihrer Ordnungsverfügung zur Verfügung, nämlich die Ersatzvornahme, das Zwangsgeld und der unmittelbare Zwang.

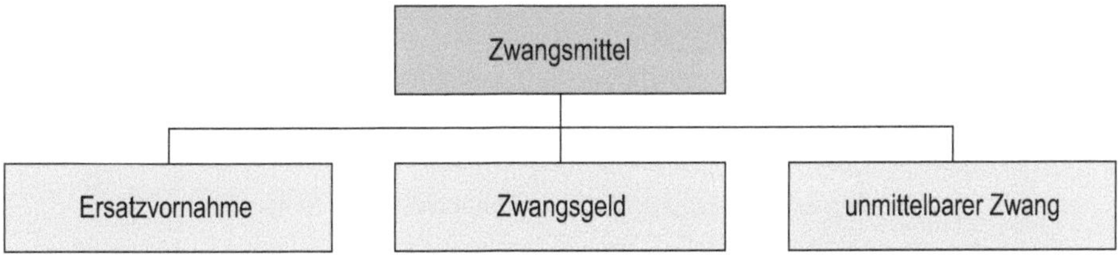

Die **Wahl des Zwangsmittels** steht im pflichtgemäßen Ermessen der Behörde. Im Rahmen dieses Ermessens hat sie auch die Verhältnismäßigkeit der Zwangsmittel zu beachten und muss berücksichtigen, dass diese unterschiedlich stark in die Rechte der Bürger eingreifen bzw. diese unterschiedlich stark belasten und welches Mittel geeignet ist, die Gefahr schnell und effektiv zu beseitigen (§ 58 VwVG). So ist der unmittelbare Zwang ein deutlich stärkeres Zwangsmittel als die Ersatzvornahme und das Zwangsgeld. Die Ersatzvornahme und das Zwangsgeld hingegen sind von gleicher Intensität und stehen gleichberechtigt nebeneinander.

Von ihrem Charakter her haben die Zwangsmittel keinen Buß- oder Strafcharakter, sondern sie sind **Beugemittel**. Sie sollen keine Buße oder Strafe aussprechen und damit rückwirkend ein falsches Verhalten ahnden, sondern den Adressaten einer Ordnungsverfügung dazu anhalten, diese zu befolgen. § 57 Abs. 3 VwVG bestimmt daher, dass Zwangsmittel auch zusätzlich zu einem Bußgeld oder einer Strafe angewendet werden können, ohne dass damit gegen das Verbot der Doppelbestrafung nach Art. 103 Abs. 3 GG verstoßen wird.

Beispiel:
Willi Wirsing betreibt einen Obst- und Gemüsehandel. Seine Waren bietet er nicht nur in seinem Ladenlokal zum Kauf an, er hat auch zusätzlich entlang der gesamten Fensterfront auf dem öffentlichen Gehweg vor seinem Ladenlokal Obst und Gemüse ausgelegt. Die Tiefe der Warenauslage beträgt 1 m. Der Gehweg ist an dieser Stelle nur 1,50 m breit und damit relativ schmal. Die notwendige Sondernutzungserlaubnis hat er nicht beantragt. Sie könnte ihm auch nicht erteilt werden, weil ein ungehinderter Allgemeingebrauch des Gehweges dann nicht mehr möglich wäre. Beispielsweise könnten Personen mit einem Kinderwagen den Gehweg an dieser Stelle nicht mehr benutzen.
Die Ordnungsbehörde gibt Willi Wirsing daher mit schriftlicher Ordnungsverfügung auf, die Warenauslagen auf dem öffentlichen Gehweg zu beseitigen. Gleichzeitig droht sie ihm für den Fall, dass er dieser Aufforderung nicht innerhalb einer Woche nach Zustellung der Ordnungsverfügung nachkommt, ein Zwangsgeld in Höhe von 1.000 EUR an. Ebenfalls ordnet sie die sofortige Vollziehung an. Als bei einer Kontrolle festgestellt wird, dass Willi Wirsing die Warenauslagen nicht beseitigt hat, wird das angedrohte Zwangsgeld festgesetzt. Ebenfalls wird ein Ordnungswidrigkeitenverfahren gegen ihn eingeleitet und schließlich ein Bußgeld in Höhe von 150 EUR gegen ihn festgesetzt.
Das Bußgeld durfte zusätzlich zur Zwangsmittelfestsetzung erlassen werden.

8.1.1 Die Ersatzvornahme

Ersatzvornahme bedeutet nach § 59 Abs. 1 VwVG, dass die Behörde die vorzunehmende Handlung auf Kosten des Betroffenen selbst ausführt oder einen anderen mit der Ausführung beauftragt.

Führt die Ordnungsbehörde die Handlung selbst aus, so spricht man von einer **Selbstvornahme**. Lässt sie die Handlung durch einen anderen ausführen, z. B. von einer Firma, so liegt eine **Fremdvornahme** vor.

Beispiel:
Im Vorgarten von Georg Grün steht ein alter Baum, der sehr morsch ist und beim nächsten kräftigen Wind droht, auf die Straße zu fallen. Die Ordnungsbehörde gibt Georg Grün durch schriftliche Ordnungsverfügung auf, den Baum zu fällen und droht für den Fall, dass er dieser Aufforderung nicht innerhalb einer Frist von zwei Wochen nachkommt, die Ersatzvornahme an. Ferner wird die sofortige Vollziehung angeordnet.
Wenn Georg Grün der Aufforderung nicht nachkommt, kann die Ordnungsbehörde entweder eine Firma mit der Fällung des Baumes beauftragen (Fremdvornahme) oder sie lässt ihn durch das Grünflächenamt fällen (Selbstvornahme).

Möglich ist die Ersatzvornahme nur bei sog. **vertretbaren Handlungen**. Das sind Handlungen, die auch ein Dritter anstelle des Betroffenen vornehmen kann.

Beispiele:
- *Stefan Schwarz hat sein Haus durch einen Anbau, für den er keine Bauerlaubnis hat, erweitert. Der Anbau kann nachträglich nicht genehmigt werden, da durch ihn die vorgeschriebenen Abstandsflächen zum Nachbargrundstück deutlich unterschritten werden. Die zuständige Bauordnungsbehörde erlässt daher eine Abrissverfügung. Diesen Abriss kann auch ein Dritter für Stefan Schwarz ausführen. Folglich handelt es sich um eine vertretbare Handlung.*
- *Klaus Koch hat ein Speiselokal eröffnet. Die Gerichte werden von ihm selbst zubereitet, die Angestellten kümmern sich um den Ausschank und die Bedienung der Gäste. Koch ist nicht im Besitz der notwendigen Bescheinigung nach § 43 IfSG (früher: Gesundheitszeugnis), sodass die zuständige Ordnungsbehörde ihn durch schriftliche Ordnungsverfügung auffordert, eine solche beizubringen. Es handelt sich hier um eine unvertretbare Handlung, denn ein Dritter kann die Bescheinigung nach § 43 IfSG nicht für Klaus Koch erhalten.*

Wenn eine nicht vertretbare Handlung, ein Dulden oder Unterlassen gefordert wird, kommt eine Ersatzvornahme nicht in Betracht. Hier muss die Behörde dann mit einem Zwangsgeld (siehe Kapitel 8.1.2) oder mit dem unmittelbaren Zwang (siehe Kapitel 8.1.3) operieren.

§ 59 Abs. 1 Satz 1 VwVG bestimmt, dass **die Kosten der Ersatzvornahme** vom Betroffenen zu zahlen sind. Nach § 59 Abs. 2 Satz 1 VwVG kann die Behörde bestimmen, dass die voraussichtlichen Kosten im Voraus zu zahlen sind. In der behördlichen Praxis wird von dieser Möglichkeit aber so gut wie kein Gebrauch gemacht. Dieses liegt daran, dass die Kosten der Ersatzvornahme im Normalfall nicht genau feststehen, sondern geschätzt werden müssen. Deswegen wird es regelmäßig zu Rückzahlungen oder Nachforderungen kommen. Dieses ist mit einem größeren Verwaltungsaufwand verbunden, als wenn im Nachhinein die genau feststehenden Kosten vom Pflichtigen eingefordert werden.

Werden die Kosten der Ersatzvornahme nicht rechtzeitig gezahlt, können sie nach § 59 Abs. 2 Satz 2 VwVG beigetrieben werden.

8.1.2 Das Zwangsgeld

Das **Zwangsgeld** wird in § 60 VwVG geregelt. Die Höhe beträgt nach § 60 Abs. 1 Satz 1 VwVG mindestens 10 EUR und höchstens 100.000 EUR. Die tatsächliche Höhe des Zwangsgeldes wird durch die Behörde nach pflichtgemäßem Ermessen festgesetzt. Dabei ist darauf zu achten, dass es nicht überzogen hoch ist. Auf der anderen Seite darf es aber auch nicht zu niedrig sein, weil es sonst seiner Funktion als Beugemittel nicht gerecht wird und den Betroffenen nicht dazu bringen dürfte, die Ordnungsverfügung zu beachten.

Das gilt insbesondere dann, wenn die Nichtbeachtung der Ordnungsverfügung dem Adressaten einen wirtschaftlichen Vorteil bringt. Deswegen bestimmt § 60 Abs. 1 Satz 2 VwVG, dass bei der Bemessung des Zwangsgeldes das **wirtschaftliche Interesse** des Betroffenen an der Nichtbefolgung des Verwaltungsakts zu berücksichtigen ist.

Beispiel:
Gino Gelati betreibt ein gutgehendes italienisches Eiscafé. Da seine Kunden bei schönem Wetter ihre Eisbecher lieber an der frischen Luft verspeisen, stellt er mit den ersten warmen Sonnenstrahlen fünf Tische mit insgesamt zwanzig Sitzplätzen auf den öffentlichen Gehweg vor seiner Eisdiele. Eine Sondernutzungserlaubnis hat er – obwohl sie erteilt werden würde – nicht beantragt. Ebenso wenig ist er im Besitz einer Erlaubnis zur Außengastronomie. Bei einer Kontrolle hat er den Mitarbeitern des Ordnungsamtes erklärt, dass er auch nicht gedenke, diese Erlaubnisse zu beantragen, da diese kostenpflichtig seien und er seine immensen Steuerzahlungen als mehr als ausreichende „Nutzungsentschädigung" ansehe. Er erhält daraufhin eine Ordnungsverfügung, in der ihm aufgegeben wird, die Tische und Stühle dauerhaft vom öffentlichen Gehweg zu entfernen. Gleichzeitig wird ihm für den Fall, dass er dieser Aufforderung nicht innerhalb einer Woche nach Zustellung der Ordnungsverfügung nachkommt, ein Zwangsgeld angedroht und die sofortige Vollziehung angeordnet.
Eine Zwangsgeldandrohung in Höhe von 30 EUR wird Gino Gelati schwerlich davon überzeugen, die Ordnungsverfügung zu beachten, da er an einem warmen Sommertag durch die illegale Sondernutzung ein Vielfaches an Einnahmen haben dürfte. Eine Zwangsgeldandrohung von 70.000 EUR hingegen wäre ebenfalls ermessensfehlerhaft, da sie vollkommen unverhältnismäßig wäre.
Wenn man unterstellt, dass an einem Sommertag pro Sitzplatz, die ja nicht immer alle gleichzeitig und durchgehend besetzt sind, durchschnittlich ca. 40–60 EUR am Tag eingenommen werden, dann entspricht dieses einem Tagesumsatz von 800–1.200 EUR. Daher dürfte ein Zwangsgeld von 1.500 EUR notwendig und geboten sein, um Gino Gelati dazu zu bewegen, der Ordnungsverfügung nachzukommen.

Im Regelfall wird das Zwangsgeld zur Durchsetzung von unvertretbaren Handlungen, Duldungen oder Unterlassen eingesetzt. Es kann aber – wie im obigen Beispiel – auch bei vertretbaren Handlungen in Betracht kommen.

Das Zwangsgeld kann nach § 60 Abs. 1 Satz 3 VwVG beliebig oft wiederholt werden.

Wird das Zwangsgeld nicht fristgerecht gezahlt, wird es beigetrieben (§ 60 Abs. 3 Satz 1 VwVG). Zu beachten ist jedoch, dass die Beitreibung nach § 60 Abs. 3 Satz 2, 1. HS VwVG unterbleibt, wenn die gebotene Handlung ausgeführt wird.

Beispiel:
Im obigen Beispiel hat die Ordnungsbehörde gegenüber Gino Gelati am 10. Juni die Ordnungsverfügung mit einer Zwangsmittelandrohung (Zwangsgeld in Höhe von 1.500 EUR) erlassen und eine Frist von zwei Wochen ab Zustellung der Ordnungsverfügung eingeräumt. Auch wurde die sofortige Vollziehung angeordnet. Am 27. Juni wird im Rahmen einer Nachkontrolle festgestellt, dass die Außengastronomie immer noch betrieben wird. Das angedrohte Zwangsgeld in Höhe von 1.500 EUR wird daher festgesetzt und es ergeht eine neue Zwangsgeldandrohung in Höhe von 2.000 EUR. Auch diese werden festgesetzt, weil am 15. Juli erneut festgestellt wird, dass Gino Gelati in seiner Außengastronomie Gäste bewirtet. Gleichzeitig wird ein neues Zwangsgeld angedroht, dieses Mal in Höhe von 2.500 EUR. Bei den nächsten drei Kontrollen Ende Juli und Anfang August wird festgestellt, dass die Außengastronomie nicht mehr betrieben wird. Das festgesetzte Zwangsgeld in Höhe von 1.500 EUR wurde von Gino Gelati gezahlt. Noch nicht gezahlt wurde das festgesetzte Zwangsgeld in Höhe von 2.000 EUR. Nach Verstreichen der Zahlungsfrist befindet es sich im Beitreibungsverfahren.
Weil Gino Gelati der Ordnungsverfügung nachgekommen ist, wird das zwar schon festgesetzte, aber noch nicht gezahlte Zwangsgeld nicht weiter beigetrieben (vgl. § 60 Abs. 3 Satz 2, 1. HS VwVG).
Dieses mag auf den ersten Blick unverständlich und evtl. sogar ungerecht erscheinen. Der Sinn dieser Regelung wird jedoch verständlich, wenn man sich vor Augen führt, dass das Zwangsgeld – wie bereits zuvor dargelegt – keinen Buß- oder Strafcharakter hat, sondern den Pflichtigen lediglich dazu veranlassen soll, die Ordnungsverfügung zu beachten. Hier ist es so, dass die bereits gezahlten 1.500 EUR, die Festsetzung eines weiteren Zwangsgeldes in Höhe von 2.000 EUR sowie die Androhung eines weiteren Zwangsgeldes in Höhe von 2.500 EUR Gino Gelati dazu gebracht haben, der Ordnungsverfügung nachzukommen. Es besteht daher keine Notwendigkeit mehr, die bereits festgesetzten 2.000 EUR auch beizutreiben.
Das Zwangsgeld hat nicht den Zweck, das falsche Verhalten des Gino Gelati zu sanktionieren. Wenn die Behörde dieses beabsichtigt, so kann sie zusätzlich ein Ordnungswidrigkeitenverfahren einleiten.

Beigetrieben wird das Zwangsgeld nach § 60 Abs. 3 Satz 2, 2. HS VwVG hingegen, wenn mit der Ordnungsverfügung eine Duldungs- oder Unterlassungspflicht ausgesprochen und dieser zuwidergehandelt worden ist.

Beispiel:
Matthias Messing ist im Schichtdienst tätig. Durch die unregelmäßigen Arbeitszeiten kann er insbesondere nach der um 22 Uhr endenden Spätschicht schlecht einschlafen und spielt daher – nachdem er um 23 Uhr zu Hause ist – zur Entspannung immer noch eine Stunde Trompete. Die Nachbarn beschweren sich daraufhin beim Ordnungsamt, welches Matthias Messing per Ordnungsverfügung aufgibt, das Trompetespielen von 22 Uhr bis 6 Uhr zu unterlassen. Für den Fall der Nichtbefolgung wird ein Zwangsgeld von 1.000 EUR angedroht.
Sollte Matthias Messing der Ordnungsverfügung nicht Folge leisten und das angedrohte Zwangsgeld festgesetzt werden, muss er es auch bezahlen, wenn er der Ordnungsverfügung nach der Festsetzung nachkommt.

Wird das Zwangsgeld nicht gezahlt und von der Behörde im Rahmen der Beitreibung festgestellt, dass der Pflichtige über zu wenig Einkommen bzw. Vermögen verfügt, um das Zwangsgeld bezahlen zu können, spricht man davon, dass das Zwangsgeld **uneinbringlich** ist. In diesen Fällen kann nach § 61 VwVG auf Antrag der Vollstreckungsbehörde vom Verwaltungsgericht die **Ersatzzwangshaft** angeordnet werden. Allerdings muss der Pflichtige hierauf entweder im Rahmen der Zwangsgeldandrohung oder aber nachträglich hingewiesen worden sein. Die Dauer der Ersatzzwangshaft beträgt mindestens einen Tag und höchstens zwei Wochen.

Wie der Name schon sagt, handelt es sich hierbei um eine Ersatz- und nicht um eine Erzwingungshaft. Die Ersatzzwangshaft tritt daher an die Stelle des Zwangsgeldes, sodass im Anschluss keine Zwangsgeldzahlung mehr zu erfolgen hat. Mit ihr soll nicht die Zahlung erzwungen werden.

Die Ersatzzwangshaft ist kein eigenständiges viertes Zwangsmittel, sondern die Folge der Uneinbringlichkeit des Zwangsgeldes. Sie kann nicht unabhängig von einem Zwangsgeld angedroht werden.

Zu beachten ist dabei aber, dass die Ersatzzwangshaft in erheblichem Maße in die Grundrechte des Pflichtigen eingreift und diese stärker einschränkt, als dieses eine Ersatzvornahme oder unmittelbarer Zwang tun würde. Deswegen würde es unverhältnismäßig sein, wenn die Ersatzzwangshaft die automatische Folge der Uneinbringlichkeit wäre. Die Ordnungsbehörde muss daher zuerst prüfen, ob sie die Ordnungsverfügung nicht auch durch Ersatzvornahme oder unmittelbaren Zwang durchsetzen kann. Erst wenn diese beiden Zwangsmittel von vornherein ungeeignet sind oder nicht zum Erfolg geführt haben, kommt eine Ersatzzwangshaft infrage.

8.1.3 Der unmittelbare Zwang

Der **unmittelbare Zwang** ist das stärkste und den Bürger am meisten belastende Zwangsmittel. Nach § 67 Abs. 1 VwVG versteht man unter unmittelbarem Zwang die Einwirkung auf Personen oder Sachen durch körperliche Gewalt, ihre Hilfsmittel und durch Waffen.

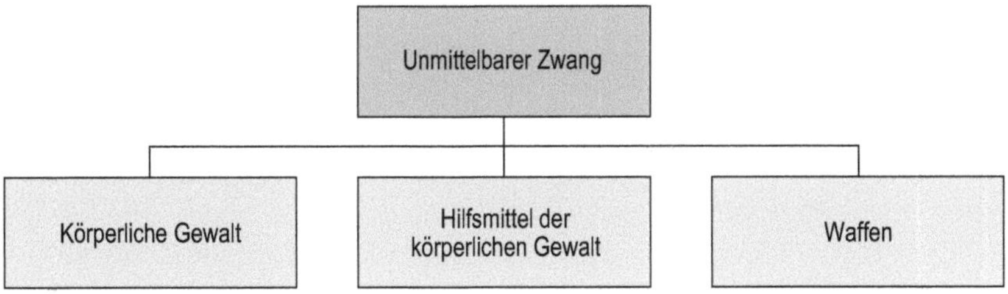

Körperliche Gewalt ist nach § 67 Abs. 2 VwVG jede unmittelbare körperliche Einwirkung auf Personen oder Sachen.

Die **Hilfsmittel** der körperlichen Gewalt sind in § 67 Abs. 3 VwVG festgelegt. Dieses sind insbesondere Fesseln, technische Sperren, Diensthunde, Dienstfahrzeuge, Reiz- und Betäubungsstoffe.

Die zulässigen **Waffen** regelt § 67 Abs. 4 VwVG abschließend. Danach sind als Waffen Schlagstock, Pistole und Revolver zugelassen.

Die Mitarbeiter der Ordnungsbehörden dürfen allerdings nicht mit Schusswaffen ausgestattet werden. Nach § 74 VwVG i. V. m. § 68 Abs. 1 Nr. 13 VwVG sind nur die mit Vollzugs-, Vollstreckungs- und Sicherungsmaßnahmen beauftragten Personen der Gerichte und Staatsanwaltschaften zum Tragen von Schusswaffen berechtigt.

Der unmittelbare Zwang unterliegt einer **doppelten Subsidiarität**. Die erste Subsidiarität ergibt sich aus § 62 Abs. 1 VwVG, wonach unmittelbarer Zwang nur dann angewendet werden darf, wenn andere Zwangsmittel nicht in Betracht kommen oder keinen Erfolg versprechen oder unzweckmäßig sind.

Die zweite Subsidiarität ergibt sich aus dem Prinzip der Verhältnismäßigkeit. Denn von den möglichen Mitteln des unmittelbaren Zwangs ist nach § 58 Abs. 3 Satz 2 VwVG dasjenige zu wählen, das den Betroffenen oder die Allgemeinheit voraussichtlich am wenigsten beeinträchtigt.

Beispiel:
Paul Pinte wird die Gaststättenkonzession nach § 15 Abs. 2 GastG widerrufen, weil er die mit dem Betrieb der Gaststätte verbundenen steuerlichen Erklärungs- und Abgabepflichten nicht erfüllt. Durch rechtskräftig gewordene Schätzungen sind mittlerweile Einkommensteuerrückstände in Höhe von 35.000 EUR entstanden, die er nicht begleicht. Auch wird er nach § 15 Abs. 2 GewO aufgefordert, den Betrieb der Gaststätte einzustellen.
Ein Zwangsgeld wäre hier kein geeignetes Zwangsmittel, denn der Betrieb muss zeitnah geschlossen werden, damit vermieden wird, dass die Rückstände noch weiter ansteigen. Dieses ist mit einem Zwangsgeld nicht zu erreichen. In Anbetracht der bereits bestehenden Schulden und der schlechten Zahlungsmoral ist vielmehr davon auszugehen, dass sich Pinte hiervon nicht beeindrucken lässt.
Auch die Ersatzvornahme kommt nicht in Betracht, da die Betriebseinstellung eine unvertretbare Handlung ist und nur durch den Betreiber Paul Pinte erfolgen kann.
Daher darf die Ordnungsbehörde den unmittelbaren Zwang anwenden. Allerdings dürfen Paul Pinte durch die Ordnungsbehörde nicht solange körperliche Schmerzen zugefügt werden, bis er den Betrieb einstellt. Die zwangsweise Schließung durch Versiegelung der Gaststättenräume ist innerhalb des unmittelbaren Zwangs ein Paul Pinte weniger belastendes Zwangsmittel.

Unzulässig ist unmittelbarer Zwang nach § 62 Abs. 2 VwVG, wenn die **Abgabe einer Erklärung** erzwungen werden soll. Da es sich bei der Abgabe einer Erklärung um eine unvertretbare Handlung handelt, kann diese auch nicht mittels Ersatzvornahme erzwungen werden. In Betracht kommt in diesen Fällen nur ein Zwangsgeld.

8.1.4 Abgrenzungsprobleme

Auf den ersten Blick ist die Unterscheidung zwischen Ersatzvornahme und unmittelbarem Zwang nicht immer einfach und eindeutig. Insbesondere, wenn die Behörde Gewalt gegen Sachen anwendet, ist es fraglich, ob unmittelbarer Zwang vorliegt oder die Behörde eine Ersatzvornahme in Form der Selbstvornahme durchgeführt hat.

Zur Abgrenzung können folgende „Faustformeln“ herangezogen werden:

1. Bei Gewalt gegen Personen handelt es sich immer um unmittelbaren Zwang.
2. Bei Schusswaffengebrauch liegt immer unmittelbarer Zwang vor.
3. Wird durch die Gewaltanwendung der eigentliche Verwaltungszweck unmittelbar erreicht, liegt eine Ersatzvornahme vor.
4. Schafft die Gewaltanwendung hingegen erst die Voraussetzung, um im nächsten Schritt den Verwaltungszweck zu erfüllen, handelt es sich um unmittelbaren Zwang.

Beispiele:
- *Eine Politesse lässt einen im absoluten Halteverbot stehenden PKW abschleppen. Durch die Gewaltanwendung (Abschleppen des Autos) wird der eigentliche Verwaltungszweck erreicht. Daher handelt es sich hierbei um eine Ersatzvornahme.*
- *Ein Mitarbeiter des Ausländeramtes tritt eine Wohnungstür ein, um einen Ausländer festzunehmen, der sich in der Wohnung aufhält und die Tür nicht freiwillig geöffnet hat. Hier wird durch die Gewaltanwendung (Eintreten der Tür) der Verwaltungszweck nicht unmittelbar erreicht. Es ist nach der Gewaltanwendung eine weitere Handlung notwendig, nämlich die Festnahme des Ausländers. Es handelt sich deswegen beim Eintreten der Tür um unmittelbaren Zwang.*

8.2 ZUSTÄNDIGKEIT UND VERFAHREN

Die Zuständigkeit für die Vollstreckungshandlungen ergibt sich aus § 56 VwVG. Danach wird der Verwaltungsakt von der Behörde vollzogen, die ihn erlassen hat.

Beim Verfahren ist zu unterscheiden zwischen dem gestreckten Verfahren nach § 55 Abs. 1 VwVG und dem Sofortvollzug nach § 55 Abs. 2 VwVG.

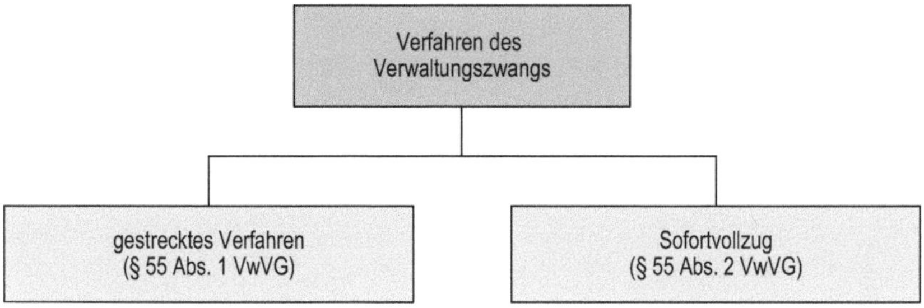

8.2.1 Das gestreckte Verfahren

Im Regelfall wird die Behörde einen Verwaltungsakt im Rahmen des **gestreckten Verfahrens** vollziehen. Weil durch die Vollstreckung in besonderem Maße in die Rechte des Betroffenen eingegriffen wird, ist das gestreckte Verfahren stärker formalisiert als das aus dem Verwaltungsverfahrensgesetz bekannte Verwaltungsverfahren und lässt der Behörde deutlich weniger Freiraum.

Im Rahmen des gestreckten Verfahrens werden neben dem zu vollstreckenden Verwaltungsakt noch weitere Verwaltungsakte erlassen. Zur Verdeutlichung nennt man den zu vollstreckenden Verwaltungsakt daher **Grundverwaltungsakt** (Grund-VA).

Beispiele:
- *Im Beispiel „Georg Grün" aus Kapitel 8.1.1 ist die Aufforderung, den Baum zu fällen, der zu vollstreckende Verwaltungsakt und daher der Grund-VA.*
- *Im Beispiel „Klaus Koch" aus Kapitel 8.1.1 ist der Grund-VA die Aufforderung zur Beibringung der Bescheinigung nach dem Infektionsschutzgesetz.*

Der Einstieg in das gestreckte Verfahren findet sich in § 55 Abs. 1 VwVG. Hiernach kann ein Verwaltungsakt, der auf die Vornahme einer Handlung, Duldung oder Unterlassung gerichtet ist, mit Zwangsmitteln durchgesetzt werden, wenn er unanfechtbar ist oder wenn ein Rechtsmittel keine aufschiebende Wirkung hat.

Hieraus ergeben sich zwei Voraussetzungen, die erfüllt sein müssen, damit die Behörde den Grund-VA vollstrecken kann.

Die erste Voraussetzung ist, dass der Grund-VA auf die Vornahme einer Handlung, einer Duldung oder einer Unterlassung gerichtet ist. Man spricht auch davon, dass der Grund-VA **vollstreckungsfähig** sein muss. Alle anderen Verwaltungsakte, beispielsweise rechtsgestaltende oder feststellende Verwaltungsakte, können nicht vollstreckt werden.

Dieses mag auf den ersten Blick vielleicht verwirrend sein, ist bei einer genaueren Betrachtung aber logisch, denn eine Vollstreckung anderer Verwaltungsakte als die, die auf eine Handlung, eine Duldung oder Unterlassung gerichtet sind, ist nicht erforderlich und auch tatsächlich nicht möglich.

Beispiel:
Susi Sonnenschein hat pünktlich zu ihrem 18. Geburtstag die Fahrprüfung bestanden und die Fahrerlaubnis erhalten. Die Fahrerlaubnis ist nicht auf die Vornahme einer Handlung, einer Duldung oder einer Unterlassung gerichtet. Vielmehr handelt es sich um einen rechtsgestaltenden Verwaltungsakt. Dieser ist daher nicht vollstreckungsfähig. Eine Vollstreckung ist auch nicht erforderlich, denn die Fahrerlaubnis gibt Susi Sonnenschein zwar das Recht Auto zu fahren, zwingt sie aber nicht dazu. Es steht ihr also frei, auch weiterhin andere Verkehrsmittel (Busse, Bahnen, Fahrrad etc.) zu benutzen.

Verwaltungsakte sind immer dann auf die Vornahme einer Handlung, einer Duldung oder Unterlassung gerichtet, wenn dem Adressaten gegenüber Folgendes ausgesprochen wird:

- Gebot zur Vornahme einer Handlung
- Gebot zur Duldung eines Geschehens oder eines Zustandes
- Verbot eines bestimmten Verhaltens

Beispiele:

- *Gerd Gram hat eine neue Freundin, die sich im Sommer gerne im Bikini in seinem Garten sonnt. Dass sein Nachbar Sven Spanner seine Freundin regelmäßig und lange hinter einem Baum stehend beobachtet, treibt ihn zur Weißglut. Er reißt daher den Maschendrahtzaun, der an der Grundstücksgrenze steht, nieder und errichtet eine 2,50 m hohe Mauer. Da er keine Bauerlaubnis eingeholt hat, wird ihm von der zuständigen Baubehörde schließlich aufgegeben, die Mauer bis auf die nach § 62 Abs. 1 Nr. 7 Buchst. a) BauO zulässige Höhe vom 2 m abzutragen (Gebot zur Vornahme einer Handlung).*
  Weil der Eigentümer und Vermieter der Wohnung und des Gartens nach § 946 BGB Eigentümer der Mauer geworden ist, wird diesem durch Ordnungsverfügung aufgegeben, das Abtragen der Mauer durch seinen Mieter Gerd Gram zu dulden (Gebot zur Duldung eines Geschehens oder eines Zustandes).
- *Max Mucke hört gern und häufig laute Musik. Er ist derzeit arbeitslos, sodass diese Sessions auch häufig bis tief in die Nacht dauern. Die Nachbarn fühlen sich hierdurch gestört und wenden sich – nachdem Max Mucke auf ihr Bitten nicht reagiert hat – ans Ordnungsamt, was daraufhin eine entsprechende Unterlassungsverfügung erlässt (Verbot eines bestimmten Verhaltens).*

Die zweite Voraussetzung, die nach § 55 Abs. 1 VwVG erfüllt sein muss, ist, dass der Grund-VA unanfechtbar ist oder ein Rechtsmittel gegen ihn keine aufschiebende Wirkung haben darf. Man sagt auch, dass der Grund-VA **vollstreckbar** sein muss.

Unanfechtbar ist ein Verwaltungsakt dann, wenn er bestandskräftig geworden ist. Dieses kann zum einen dadurch geschehen, dass innerhalb der Rechtsbehelfsfrist kein Rechtsbehelf eingelegt oder ein eingelegter Rechtsbehelf zurückgenommen wird. Zum anderen erlangt ein Verwaltungsakt Bestandskraft, wenn über einen eingelegten Rechtsbehelf rechtskräftig entschieden wird. Schließlich wird ein Verwaltungsakt auch dadurch unanfechtbar, dass ein Rechtsmittelverzicht erklärt wird.

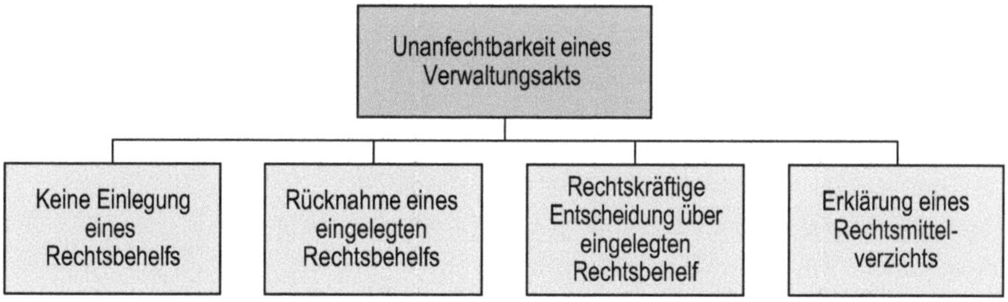

Wann ein **Rechtsmittel keine aufschiebende Wirkung** hat, bestimmt sich nach der VwGO. Grundsätzlich gilt die Regelung des § 80 Abs. 1 VwGO, wonach Widerspruch und Anfechtungsklage aufschiebende Wirkung haben. Aufschiebende Wirkung bedeutet, dass der Verwaltungsakt nicht vollstreckt werden darf – auch nicht, wenn der Pflichtige ihm nicht nachkommt.

Über eine Anfechtungsklage wird aber häufig erst nach mehreren Monaten, teilweise sogar erst nach mehreren Jahren entschieden. Das führt dann zwangsläufig dazu, dass die Gefahr auch bis zum Abschluss des Klageverfahrens weiter bestehen bleibt. Gerade in den Fällen, in denen ein hochwertiges Rechtsgut bedroht ist, ist das nicht hinnehmbar.

Deshalb hat der Gesetzgeber Ausnahmen von diesem Grundsatz zugelassen. Nach § 80 Abs. 2 Satz 1 VwGO entfällt die aufschiebende Wirkung nämlich in folgenden Fällen:

1. bei der Anforderung von öffentlichen Abgaben und Kosten,
2. bei unaufschiebbaren Anordnungen und Maßnahmen von Polizeivollzugsbeamten,
3. in anderen durch Bundes- oder Landesgesetz vorgeschriebenen Fällen,

3a. bei Widersprüchen und Klagen Dritter gegen Verwaltungsakte, die die Zulassung von Vorhaben betreffend Bundesverkehrswege und Mobilfunknetze zum Gegenstand haben,

4. in den Fällen, in denen die sofortige Vollziehung im öffentlichen Interesse oder im überwiegenden Interesse eines Beteiligten von der Behörde besonders angeordnet wird.

Für das Recht der Gefahrenabwehr sind nur die Nummern 3 und 4 von Bedeutung. Ein durch Landesgesetz vorgeschriebener Fall ist § 112 JustG. Danach haben Rechtsbehelfe, die sich gegen Maßnahmen der Vollzugsbehörden in der Verwaltungsvollstreckung richten, keine aufschiebende Wirkung. Maßnahmen der Vollzugsbehörden in der Verwaltungsvollstreckung sind die Zwangsmittelandrohung (siehe Kapitel 8.2.1.1) und die Zwangsmittelfestsetzung (siehe Kapitel 8.2.1.2). Wird gegen eine Zwangsmittelandrohung oder eine Zwangsmittelfestsetzung Klage erhoben, dann hat diese keine aufschiebende Wirkung, sodass das Vollstreckungsverfahren trotz Klageerhebung fortgeführt werden kann.

Von immenser Bedeutung ist die Möglichkeit des § 80 Abs. 2. Satz 1 Nr. 4 VwGO, denn hiernach entfällt die aufschiebende Wirkung eines Rechtsbehelfs, wenn die Behörde die sofortige Vollziehung einer Ordnungsverfügung besonders anordnet.

Voraussetzung hierfür ist ein besonderes öffentliches Interesse oder ein überwiegendes Interesse eines Beteiligten. Nach dem Wortlaut des § 80 Abs. 2 Satz 1 Nr. 4 VwGO reicht eigentlich ein öffentliches Interesse aus. § 80 Abs. 3 VwGO schreibt jedoch vor, dass das besondere Interesse an der sofortigen Vollziehung schriftlich zu begründen ist. Daraus wird geschlussfolgert, dass ein besonderes öffentliches Interesse vorhanden sein muss.

Beispiel:
Im Fall „Georg Grün" aus Kapitel 8.1.1 wurde diesem unter Androhung der Ersatzvornahme aufgegeben, den morschen Baum zu fällen. Gleichzeitig wurde die sofortige Vollziehung angeordnet.
Ohne die Anordnung der sofortigen Vollziehung könnte die Ordnungsverfügung im Falle einer Klageerhebung nicht vollstreckt werden, denn die Klage hat nach § 80 Abs. 1 VwGO aufschiebende Wirkung. Das würde aber bedeuten, dass die von dem Baum ausgehende Gefahr auf unbestimmte Zeit fortbesteht. Dieses ist der Allgemeinheit nicht zuzumuten. Deswegen besteht ein besonderes öffentliches Interesse an der sofortigen Vollziehung der Ordnungsverfügung. Die Behörde hat daher zu Recht die sofortige Vollziehung nach § 80 Abs. 2 Satz 1 Nr. 4 VwGO angeordnet. Im Falle einer Klageerhebung entfällt dadurch die aufschiebende Wirkung und die Ordnungsverfügung könnte im Falle der Nichtbefolgung vollstreckt werden.

Neben der Vollstreckungsfähigkeit und der Vollstreckbarkeit des Verwaltungsakts ist weiterhin Voraussetzung, dass keine **Vollstreckungshindernisse** existieren. Dieses ergibt sich allerdings nicht unmittelbar aus § 55 Abs. 1 VwVG, sondern daraus, dass möglicherweise Rechte Dritter einer Vollstreckungsmaßnahme entgegenstehen.

Diese **entgegenstehenden Rechte Dritter** machen den Grund-VA nicht rechtswidrig, hindern aber seine Vollstreckung solange, bis der Dritte sein Einverständnis erklärt oder die Ordnungsbehörde dem Dritten gegenüber eine Duldungsverfügung erlässt.

Beispiel:
Wenn im obigen Fall der Vermieter von Gerd Gram keine Duldungsverfügung bekommen hätte, wäre die an Gerd Gram gerichtete Ordnungsverfügung nicht rechtswidrig gewesen. Sie hätte aber solange nicht vollstreckt werden dürfen, bis der Vermieter sein Einverständnis zum Abtragen der Mauer erklärt hat oder gegenüber dem Vermieter eine Duldungsverfügung erlassen worden ist.

Die **Rechtmäßigkeit des Grund-VAs** ist nicht Voraussetzung für eine Vollstreckung. Der Grund-VA muss nur wirksam, d. h. nicht nichtig sein (vgl. § 43 Abs. 3 VwVfG). Wenn der Grund-VA noch nicht unanfechtbar ist, trägt die Behörde allerdings das Risiko, dass er im Rechtsbehelfsverfahren wegen eines Fehlers aufgehoben wird. Die Vollstreckung würde dadurch rechtswidrig werden.

Ist der Grund-VA vollstreckungsfähig und vollstreckbar und bestehen keine Vollstreckungshindernisse, kann das gestreckte Verfahren durchgeführt werden. Es läuft, aufbauend auf dem Grund-VA, in drei aufeinanderfolgenden Schritten ab, die nacheinander „wie Stufen erklommen" werden. Diese Stufen nennt man Androhung, Festsetzung und Anwendung.

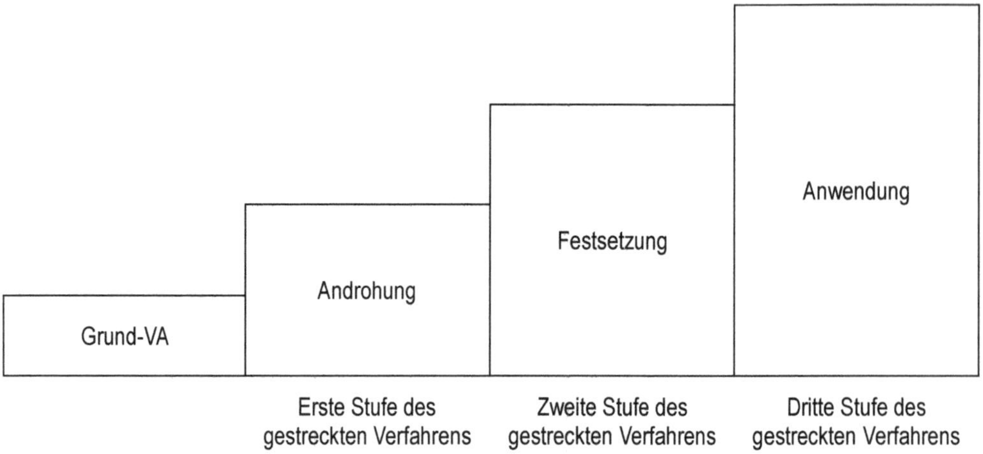

8.2.1.1 Die Androhung

Die **Androhung** ist die erste Stufe des Verwaltungszwangsverfahrens und verleiht der Ordnungsverfügung den entsprechenden Nachdruck. Sie ist quasi ein „Signal" an den Pflichtigen, dass er der Ordnungsverfügung besser freiwillig nachkommt. Geregelt wird die Androhung in § 63 VwVG.

Von ihrer Rechtsnatur her ist die Androhung ein **separater Verwaltungsakt**, der auf dem Grund-VA aufbaut.

Die Androhung kann erlassen werden, wenn der Pflichtige dem Grund-VA nicht nachkommt. Es besteht allerdings nach § 63 Abs. 2 Satz 1 VwVG auch die Möglichkeit, die Androhung mit dem Grund-VA zu verbinden. In der Praxis wird hiervon schon wegen der Regelung des § 63 Abs. 2 Satz 2 VwVG, wonach die Androhung mit dem Grund-VA verbunden werden soll, wenn ein Rechtsmittel keine aufschiebende Wirkung hat (siehe Kapitel 8.2.1), überwiegend Gebrauch gemacht.

Auch wenn die Androhung mit dem Grund-VA verknüpft wird, bleibt sie ein separater Verwaltungsakt, es werden dann in einer Ordnungsverfügung mehrere Verwaltungsakte erlassen. Allerdings ist die Androhung vom Bestand des Grund-VAs abhängig. Verliert der Grund-VA seine Wirksamkeit dadurch, dass er aufgehoben wird oder nichtig ist, kann die Androhung nicht „alleine überleben". Sie wird dann hinfällig.

Wenn die Ordnungsbehörde die Ersatzvornahme androht, dann sollen nach § 63 Abs. 4 VwVG in der Androhung die **voraussichtlichen Kosten** angegeben werden. Der Sinn dieser Regelung liegt darin, dem Pflichtigen deutlich zu machen, welche Auswirkungen eine evtl. Nichtbeachtung der Ordnungsverfügung auch in finanzieller Hinsicht haben kann. Für die Behörde bedeutet das aber nicht, dass sie die tatsächlichen Kosten langwierig ermitteln muss. Eine Aufschiebung der Vollstreckung ist dadurch nicht gewollt. Lassen sich die Kosten nicht zeitnah ermitteln, darf die Behörde sie schätzen. Sollten sie zu niedrig geschätzt werden, muss der Pflichtige trotzdem die tatsächlich entstandenen Kosten zahlen und kann sich nicht auf die zu niedrige Schätzung berufen.

§ 63 Abs. 1 Satz 2, 1. HS VwVG regelt, dass dem Betroffenen in der Androhung eine **angemessene Frist** zur Erfüllung der Verpflichtung einzuräumen ist. Durch § 63 Abs. 1 Satz 2, 2. HS VwVG, der bestimmt, dass eine Frist nicht eingeräumt zu werden braucht, wenn eine Duldung oder eine Unterlassung erzwungen werden soll, gilt die Pflicht zur Bestimmung einer Frist aber nur für den Fall, dass vom Pflichtigen eine Handlung gefordert wird.

Bei der Bestimmung der angemessenen Frist ist neben dem Interesse der Allgemeinheit an der möglichst zeitnahen Befolgung der Ordnungsverfügung auch zu berücksichtigen, dass die Frist für den Betroffenen so ausreichend bemessen ist, dass er seine Pflicht in dieser Zeit auch erfüllen kann.

Beispiel:
Stefan Stein hat auf seinem Grundstück ein fünfstöckiges Wohnhaus errichtet, ohne in Besitz der dafür erforderlichen Bauerlaubnis zu sein. Der Bau kann auch nicht nachträglich genehmigt werden, weil der Bebauungsplan für dieses Grundstück nur eine zweigeschossige Bauweise vorsieht. Ihm wird daher durch schriftliche Ordnungsverfügung aufgegeben, das Haus abzureißen. Für den Fall, dass er dieser Aufforderung nicht innerhalb einer Woche nach Zustellung der Ordnungsverfügung nachkommen sollte, wird ihm der zwangsweise Abriss im Wege der Ersatzvornahme angedroht.
Die mit der Androhung verbundene Frist ist nicht angemessen. Die reinen Abbrucharbeiten dürften zwar innerhalb einer Woche erledigt sein, allerdings wird Stefan Stein wohl eine Fachfirma beauftragen müssen und ob diese sofort zur Verfügung steht, ist fraglich. Auch werden neben dem reinen Abriss weitere Arbeiten notwendig sein. Damit Passanten und Anwohner nicht gefährdet werden, müsste das Grundstück abgesperrt werden. Auch dürften bei einem Haus dieser Größe statische Berechnungen durchzuführen sein. Die gesamten Arbeiten werden nicht innerhalb einer Woche zu bewerkstelligen sein.

Rechtswidrig wäre es, in der Androhung zu bestimmen, dass der Betroffene **unverzüglich** handeln soll. Dieses liegt daran, dass unverzüglich nach § 121 BGB „ohne schuldhaftes Zögern" bedeutet und somit die Frist nicht im Vorhinein zu bestimmen ist. Sie ist vielmehr von Faktoren abhängig, die alleine beim Pflichtigen liegen und für die Behörde nicht ohne Weiteres zu erkennen bzw. nachzuvollziehen sind. Es empfiehlt sich daher, die Frist datumsmäßig genau zu bestimmen oder aber mit der Zustellung bzw. Bekanntgabe des Grund-VAs zu verknüpfen.

Beispiele:
- *Datumsmäßige Bestimmung der Frist: „Für den Fall, dass Sie dieser Verfügung nicht bis zum 27.05. dieses Jahres Folge leisten, drohe ich Ihnen hiermit ..."*
- *Verknüpfung mit Zustellung bzw. Bekanntgabe: „Für den Fall, dass Sie dieser Verfügung nicht innerhalb eines Monats nach Zustellung/Bekanntgabe Folge leisten, drohe ich Ihnen hiermit ..."*

Für den Fall, dass als Fristbeginn die Zustellung oder ein anderer Zeitpunkt bestimmt ist, regelt § 63 Abs. 1 Satz 4 VwVG, dass an die Stelle der Zustellung der **Eintritt der Bestandskraft** tritt, sofern ein Rechtsbehelf mit aufschiebender Wirkung eingelegt wird. Das bedeutet, die Verfügung wird mit Ablauf des Monats vollziehbar, wenn kein Rechtsbehelf eingelegt wird. Wird aber ein Rechtsbehelf eingelegt, so beginnt die Monatsfrist erst, wenn die Verfügung bestandskräftig geworden ist.

Beispiel:
Die Kühe des Bauern Kurt Kalb laufen regelmäßig von der nicht umzäunten Weide auf die Straße und behindern dadurch den Verkehr. Die Ordnungsbehörde gibt ihm daher auf, die Weide zu umzäunen. Die Zwangsmittelandrohung hat folgenden Wortlaut:
„Sollten Sie dieser Ordnungsverfügung nicht innerhalb eines Monats nach Zustellung Folge leisten, drohe ich Ihnen hiermit die Durchführung der Maßnahme im Wege der Ersatzvornahme an. Die Kosten belaufen sich voraussichtlich auf 4.000 EUR und sind von Ihnen zu tragen."
Die sofortige Vollziehung wird nicht angeordnet. Zugestellt wird die Ordnungsverfügung am 27. April.
Die Frist zur Erfüllung der Ordnungsverfügung beginnt zusammen mit der Rechtsbehelfsfrist am 28. April zu laufen (§ 187 Abs. 1 BGB) und beide enden mit Ablauf des 27. Mai (§ 188 Abs. 2 BGB). Am 28. Mai ist die Ordnungsverfügung unanfechtbar und somit bestandskräftig geworden. Ebenfalls ist am 28. Mai die Erfüllungsfrist abgelaufen.

Sollte Kurt Kalb hingegen am 03. Mai Klage erheben, so tritt nach § 63 Abs. 1 Satz 4 VwVG der Eintritt der Bestandkraft an die Stelle der Zustellung. Die Erfüllungsfrist, die bereits an 28. April zu laufen begonnen hat, wird ausgesetzt. Unterstellt, die Ordnungsverfügung würde durch ein rechtskräftiges Urteil am 23. Oktober bestandkräftig werden, so würde die Erfüllungsfrist an 24. Oktober erneut zu laufen beginnen (§ 187 Abs. 1 BGB) und am 23. November enden (§ 188 Abs. 2 BGB). Am 24. November wäre sie abgelaufen.

Wird die Verfügung mit Anordnung der sofortigen Vollziehung erlassen, findet § 63 Abs. 1 Satz 4 VwVG keine Anwendung, da dann kein Rechtsbehelf mit aufschiebender Wirkung eingelegt werden kann.

Beispiel:
Wird die Ordnungsverfügung gegen Kurt Kalb mit Anordnung der sofortigen Vollziehung erlassen, ist die Frist zur Erfüllung der Ordnungsverfügung am 28. Mai abgelaufen, und zwar unabhängig davon, ob er Klage erhebt oder nicht.

Zu beachten ist ferner, dass die Frist nach § 63 Abs. 1 Satz 3 VwVG **nicht kürzer als die Rechtsbehelfsfrist** sein darf, wenn der VA nicht bestandskräftig oder nicht sofort vollziehbar ist. Wird die Zwangsmittelandrohung mit dem Grund-VA verknüpft, kann dieser zwangsläufig noch nicht unanfechtbar sein. Deswegen ist eine kürzere Frist als die Rechtsbehelfsfrist nur möglich, wenn die sofortige Vollziehung angeordnet wird. Zu beachten ist in diesem Zusammenhang aber, dass die Voraussetzungen hierfür, nämlich das Vorhandensein eines öffentlichen Interesses, gegeben sein müssen.

Beispiel:
Wird die an Kurt Kalb gerichtete Ordnungsverfügung mit einer Erfüllungsfrist von nur zehn Tagen versehen, dann muss die sofortige Vollziehung nach § 80 Abs. 2 Satz 1 Nr. 4 VwGO angeordnet werden. Ein besonderes öffentliches Interesse hieran ist vorhanden. Es liegt darin, dass es der Allgemeinheit nicht zugemutet werden kann, weitere Verkehrsstörungen durch auf die Straße laufende Kühe hinzunehmen, bis ein Gericht die Rechtmäßigkeit der Ordnungsverfügung bestätigt hat. Das Interesse des Kurt Kalb, der Ordnungsverfügung bis zur Bestandskraft der Ordnungsverfügung nicht nachzukommen, muss hinter dem Interesse der Allgemeinheit zurückstehen.

Da die Androhung ein Verwaltungsakt ist, gelten für sie die übrigen formellen Voraussetzungen des VwVfG, sofern das VwVG keine andere Regelung trifft.

Für Verwaltungsakte gilt nach § 37 Abs. 2 Satz 1 VwVfG das Prinzip der Formfreiheit und sie können schriftlich, elektronisch, mündlich oder in anderer Weise erlassen werden. Das VwVG trifft aber für die Form der Androhung eine andere Regelung und schreibt in § 63 Abs. 1 Satz 1 VwVG die **Schriftform** vor. Ausnahmen von dieser Regelung gibt es keine – auch nicht für Fälle der besonderen Eilbedürftigkeit.

Darüber hinaus muss die Androhung nach § 63 Abs. 6 Satz 1 VwVG **zugestellt** werden. Auch von dieser Regelung gibt es keine Ausnahme. Wird die Androhung mit einem Grund-VA verbunden, muss die Ordnungsverfügung auch dann zugestellt werden, wenn für den Grund-VA keine Zustellung vorgeschrieben ist (§ 63 Abs. 6 Satz 2 VwVG).

Als Verwaltungsakt muss die Androhung ebenfalls auch **inhaltlich hinreichend bestimmt** sein. Dieses ergibt sich aus § 37 Abs. 1 VwVfG und bedeutet, dass ein reiner Hinweis auf die theoretisch zur Verfügung stehenden Zwangsmittel nicht ausreicht. Daher bestimmt § 63 Abs. 3 Satz 1 VwVG, dass sich die Androhung auf ein bestimmtes Zwangsmittel beziehen muss.

Beispiele:

- *Zu unbestimmt: „Für den Fall, dass Sie meiner Aufforderung nicht innerhalb eines Monats nach Zustellung dieser Ordnungsverfügung nachkommen sollten, drohe ich Ihnen ein Zwangsgeld oder Ersatzvornahme an."*
- *Inhaltlich hinreichend bestimmt: „Für den Fall, dass Sie meiner Aufforderung nicht innerhalb eines Monats nach Zustellung dieser Ordnungsverfügung nachkommen sollten, drohe ich Ihnen das Zwangsmittel der Ersatzvornahme an."*

Droht die Behörde mehrere Zwangsmittel an, muss nach § 63 Abs. 3 Satz 2 VwVG angegeben werden, in welcher Reihenfolge sie angewendet werden. Ist aus der Androhung die Reihenfolge der Anwendung nicht ersichtlich, ist diese ebenfalls zu unbestimmt.

Beispiele:

- *Zu unbestimmt: „Sollten Sie dieser Ordnungsverfügung nicht Folge leisten, drohe ich Ihnen hiermit ein Zwangsgeld in Höhe von 5.000 EUR oder die Schließung und Versiegelung Ihrer Gaststätte im Wege des unmittelbaren Zwangs an."*
- *Inhaltlich hinreichend bestimmt: „Sollten Sie dieser Ordnungsverfügung nicht Folge leisten, drohe ich Ihnen hiermit ein Zwangsgeld in Höhe von 5.000 EUR an. Für den Fall, dass das Zwangsgeld nicht den erhofften Erfolg hat, drohe ich Ihnen bereits jetzt die Schließung und Versiegelung Ihrer Gaststätte im Wege des unmittelbaren Zwangs an."*

Bei einer Zwangsgeldandrohung ist ein bloßer Verweis auf den Zwangsgeldrahmen zu unbestimmt. Das Zwangsgeld muss in einer konkreten Höhe angedroht werden, so regelt es auch § 63 Abs. 5 VwVG.

Beispiele:

- *Zu unbestimmt: „Für den Fall, dass Sie meiner Aufforderung nicht innerhalb eines Monats nach Zustellung dieser Ordnungsverfügung nachkommen sollten, drohe ich Ihnen ein Zwangsgeld in Höhe von 10 bis 100.000 EUR an."*
- *Inhaltlich hinreichend bestimmt: „Für den Fall, dass Sie meiner Aufforderung nicht innerhalb eines Monats nach Zustellung dieser Ordnungsverfügung nachkommen sollten, drohe ich Ihnen ein Zwangsgeld in Höhe von 2.500 EUR an."*

In der Praxis wird ein Zwangsgeld gerne **für jeden Fall der Zuwiderhandlung** angedroht. Hierbei ist zu beachten, dass dieses durch die Regelung des § 57 Abs. 3 Satz 2 VwVG bei der Erzwingung einer Duldung oder einer Unterlassung möglich ist. Wird das Zwangsgeld hingegen für jeden Fall der Zuwiderhandlung angedroht, wenn ein Handeln erzwungen werden soll, fehlt es an einer solchen Regelung im VwVG. Eine solche Androhung ist daher nach einem Urteil des Bundesverwaltungsgerichts rechtswidrig.[9]

9 BVerwG NVwZ 1998, 393. Das Urteil bezieht sich auf das Verwaltungsvollstreckungsgesetz des Bundes, welches keine dem § 57 Abs. 3 Satz 2 VwVG NRW entsprechende Regelung enthält.

8.2.1.2 *Die Festsetzung*

Wenn der Pflichtige der Ordnungsverfügung nicht innerhalb der in der Androhung bestimmten Frist nachkommt, erfolgt nach § 64 VwVG die **Festsetzung** des Zwangsmittels. Festgesetzt werden muss das in der Androhung angedrohte Zwangsmittel. Eine nachträgliche Änderung des Zwangsmittels ist nicht möglich. Soll das bereits angedrohte Zwangsmittel gewechselt werden, so muss eine neue Androhung erlassen und dann ggf. nach erneutem Fristablauf das neue Zwangsmittel festgesetzt werden.

Ebenso wie die Androhung ist auch die Festsetzung ein **separater Verwaltungsakt**. Allerdings ist für die Festsetzung keine Zustellung vorgeschrieben, es muss dem Pflichtigen auch keine neue Frist eingeräumt werden.

In der Praxis erfordert die Festsetzung eines Zwangsmittels keinen großen Aufwand, denn dem Pflichtigen wird nur mitgeteilt, dass das angedrohte Zwangsmittel festgesetzt wird und es folgt eine kurze Begründung (siehe Beispiele für Zwangsmittelfestsetzungen im Anhang 4, 6 und 8).

Wird ein Zwangsgeld festgesetzt, enthält die Festsetzung auch gleichzeitig die Aufforderung zur Zahlung des Zwangsgeldes. Ebenso kann mit der Zwangsgeldfestsetzung die Androhung eines neuen und ggf. höheren Zwangsgeldes erfolgen.

8.2.1.3 *Die Anwendung*

Nachdem das Zwangsmittel festgesetzt wurde, kann es **angewendet** werden. Weil mit der Festsetzung keine neue Frist eingeräumt werde muss, kann sich die Anwendung auch unmittelbar an die Festsetzung anschließen. Das Zwangsmittel darf aber nur so angewendet werden, wie es festgesetzt wurde (§ 65 Abs. 1 VwVG). Auch in diesem Stadium des gestreckten Verfahrens ist keine Änderung des Zwangsmittels mehr möglich.

Beispiel:
Günther Gurke hat sich ein neues Auto gekauft. Er stellt es in seiner Garage unter, in der bislang sein altes Auto steht, und stellt dieses dafür vor seinem Haus an den Straßenrand. Das alte Auto ist nicht mehr zugelassen. Die zuständige Ordnungsbehörde gibt Günther Gurke daraufhin auf, das alte Auto vom Straßenrand zu entfernen. Gleichzeitig droht sie ihm an, den PKW im Wege der Ersatzvornahme durch ein beauftragtes Abschleppunternehmen zu beseitigen, wenn er dieser Aufforderung nicht innerhalb von zehn Tagen nach Zustellung der Ordnungsverfügung nachkommen sollte.
Nachdem bei einer Nachkontrolle festgestellt wird, dass Günther Gurke der Aufforderung nicht innerhalb der Frist nachgekommen ist, wird das Zwangsmittel schließlich festgesetzt.
Anschließend erfolgt die Anwendung des Zwangsmittels und die Ordnungsbehörde beauftragt ein Abschleppunternehmen mit der Entfernung des PKW.

Wenn ein Zwangsgeld angedroht und festgesetzt wurde, dann besteht die Anwendung in der Vereinnahmung des Geldes und ggf. in der Beitreibung.

Leistet der Betroffene bei der Anwendung der Ersatzvornahme oder des unmittelbaren Zwangs Widerstand, so kann dieser nach § 65 Abs. 2 Satz 1 VwVG mit Gewalt gebrochen werden, auf Verlangen leistet die Polizei nach § 65 Abs. 2 Satz 2 VwVG Vollzugshilfe.

Beispiel:
Im Beispiel aus Kapitel 8.1.3 wird die Gaststätte von Paul Pinte schließlich im Wege des unmittelbaren Zwangs versiegelt. Wenn sich Paul Pinte bei der Schließung weigern sollte, die Gaststätte zu verlassen, kann die Ordnungsbehörde ihn mit Gewalt aus der Gaststätte entfernen oder die Polizei um Vollzugshilfe bitten.

Nicht mehr angewendet werden darf das Zwangsmittel nach § 65 Abs. 3 VwVG, wenn

- der Zweck erreicht ist,
- dem Betroffenen die Erfüllung der zu erzwingenden Leistung unmöglich geworden ist oder
- die Vollstreckungsvoraussetzungen nachträglich weggefallen sind.

Beispiele:
- *Im obigen Beispiel kommt Günther Gurke zufällig zu dem Zeitpunkt nach Hause, in dem die Ordnungsbehörde das Zwangsmittel anwendet und das alte Auto durch das beauftragte Abschleppunternehmen entfernen lassen will. Er kommt dem jedoch zuvor, indem er das Auto vor seine Garage in die Einfahrt fährt. Der Verwaltungszweck wurde hier dadurch erreicht, dass Günther Gurke den Grund-VA doch noch befolgt hat.*
- *Siegfried Schwarz wird aufgegeben, sein im Naturschutzgebiet illegal erbautes Wochenendhäuschen abzureißen. Bevor er der Ordnungsverfügung nachkommen kann, brennt das aus Holz gebaute Häuschen vollständig ab.*
- *Die Vollstreckungsvoraussetzungen fallen beispielsweise dadurch nachträglich weg, dass die Behörde nach § 80 Abs. 4 VwGO die sofortige Vollziehung einer Ordnungsverfügung aussetzt oder das Verwaltungsgericht nach § 80 Abs. 5 VwGO die aufschiebende Wirkung eines Rechtsbehelfs wiederherstellt.*

Die Zwangsmittelanwendung ist kein Verwaltungsakt, da sie keine Regelung trifft. Sie setzt nur eine bereits getroffene Regelung um. Es handelt sich bei der Anwendung eines Zwangsmittels daher um ein tatsächliches Handeln der Behörde und somit um einen **Realakt**.

8.2.2 Der Sofortvollzug

Das gestreckte Verfahren ist aufgrund der verschiedenen Stufen und der damit verbundenen Notwendigkeit zum Erlass mehrerer aufeinanderfolgender Verwaltungsakte und Einräumung von Fristen langwierig. Deswegen ist es durchaus denkbar, dass Sachverhalte eintreten, in denen dieses gestreckte Verfahren zu lange dauert und die Behörde deutlich schneller handeln muss.

Beispiel:
Kevin Klever wohnt im Oberbergischen Kreis und fährt am 13. Dezember, einem Samstag, mit seinem Auto nach Köln, um dort Weihnachtseinkäufe zu tätigen. Das Auto hat er sich von seinem Vater Konrad Klever geliehen. Als er gegen 11:30 Uhr in der bereits überfüllten Kölner Innenstadt ankommt, findet er keinen Parkplatz. Alle Parkhäuser und Parkplätze sind belegt. Nachdem er über 45 Minuten intensiv gesucht hat, ist er es leid und stellt sein Fahrzeug in einer stark befahrenen Straße in zweiter Reihe ab und geht in aller Ruhe einkaufen. Der Verkehr in dieser Straße kommt daraufhin binnen kürzester Zeit zum Erliegen und es bildet sich ein langer Stau, der sich sehr bald immer weiter in zuführende Straßen ausbreitet.

Die Behörde kann dann ein stark verkürztes Vollstreckungsverfahren anwenden, und zwar den sog. **Sofortvollzug**. Dieser wird geregelt in § 55 Abs. 2 VwVG. Hiernach kann der Verwaltungszwang ohne vorausgehenden Verwaltungsakt angewendet werden, wenn das zur Abwehr einer gegenwärtigen Gefahr notwendig ist und die Vollzugsbehörde hierbei innerhalb ihrer Befugnisse handelt.

Der Begriff des Sofortvollzuges ist strikt von der Anordnung der sofortigen Vollziehung zu trennen (siehe Kapitel 8.2.1) und darf nicht mit dieser verwechselt werden.

Im Gegensatz zum gestreckten Verfahren gibt es beim Sofortvollzug kein langwieriges Verfahren, das den Erfolg der Vollstreckungsmaßnahme verzögern würde. Es muss kein Grund-VA erlassen werden (§ 55 Abs. 2 VwVG: „ohne vorausgehenden Verwaltungsakt“) und auch Androhung und Festsetzung des Zwangsmittels sind nach § 63 Abs. 1 Satz 5 VwVG und § 64 Satz 2 VwVG nicht notwendig. Das Zwangsmittel kann sofort angewendet werden. Im obigen Beispiel bedeutet dieses, dass das Auto von Kevin Klever sofort und ohne irgendwelche vorhergehenden Verfahrensschritte abgeschleppt werden wird.

Es sind auch Fälle denkbar, in denen die Behörde bereits einen Grund-VA und vielleicht auch schon eine Androhung erlassen hat, sich die Gefahrenlage dann aber so verschlimmert, dass sich die Gefahr verwirklichen würde, wenn das gestreckte Verfahren weiter betrieben würde. Denn auch, wenn schon eine Androhung erlassen wurde, muss noch die in der Androhung bestimmte Frist abgewartet und eine Festsetzung gefertigt werden. Auch in diesen verschiedenen Stadien des gestreckten Verfahrens kann die Behörde in den Sofortvollzug wechseln. Dieses ergibt sich nicht aus dem Wortlaut des § 55 Abs. 2 VwVG, wonach der Sofortvollzug ja die Anwendung des Verwaltungszwangs ohne vorausgehenden Grund-VA ist, sondern aus einem **Erst-recht-Schluss**. Wenn es möglich ist, den Verwaltungszwang ohne vorausgehenden Grund-VA anzuwenden, dann muss dieses erst recht möglich sein, wenn ein Grund-VA oder sogar schon eine Androhung erlassen worden ist und sich die Gefahr verschlimmert.

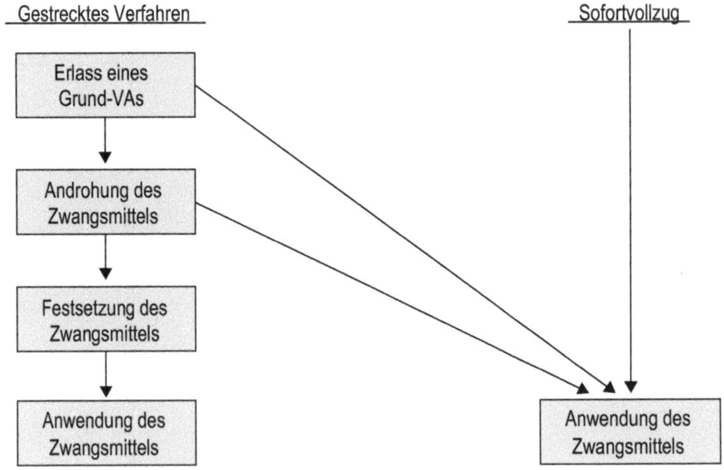

Darstellung aus Finke/Haurand/Sundermann/Vahle, G, Rdnr. 29

Beispiel:
Max Möhre hat sein altes Auto wegen gravierender Mängel nicht mehr „über den TÜV bekommen". Weil er gerade eine neue Terrasse baut und seinen Garten umgestaltet, fehlt ihm momentan die Zeit, es zum Schrotthändler zu bringen. Um aber weitere Kosten in Form von Versicherung und Steuern zu vermeiden, meldet er es bei der Kfz-Zulassungsstelle ab und stellt es in einer Nebenstraße ab. Die entsiegelten Kennzeichen bringt er wieder am Auto an, damit die fehlende Zulassung nicht sofort ins Auge fällt. Nachdem das Auto dort drei Wochen steht, wird das fehlende Siegel doch bemerkt. Die zuständige Ordnungsbehörde gibt Max Möhre daraufhin mit schriftlicher Ordnungsverfügung die Beseitigung des Wagens auf. Ferner wird die Ersatzvornahme angedroht, eine Frist von einem Monat eingeräumt und die sofortige Vollziehung angeordnet. Max Möhre, der seine Baumaßnahme mittlerweile beendet und Urlaub gebucht hat, nimmt sich vor, den Wagen unmittelbar nach Beendigung des dreiwöchigen Urlaubs in Oberstdorf verschrotten zu lassen und tritt die Reise an. Nach einer weiteren Woche fällt auf, dass der Wagen beträchtliche Mengen Öl verliert. Da die Ordnungsbehörde Max Möhre nicht erreicht, schleppt sie das Auto schließlich im Wege des Sofortvollzuges ab.

Neben diesen formellen Verfahrensfragen sind aber auch materielle Aspekte zu beachten. Der Sofortvollzug ist nicht ohne Weiteres, sondern nur unter den engen Tatbestandsvoraussetzungen des § 55 Abs. 2 VwVG möglich. Diese Tatbestandsvoraussetzungen sind:

1. Vorliegen einer gegenwärtigen Gefahr,
2. Notwendigkeit des Sofortvollzuges und
3. die Vollzugsbehörde muss innerhalb ihrer Befugnisse handeln.

Zum Begriff der **gegenwärtigen Gefahr** siehe Kapitel 4.3.6.

Notwendig ist der Sofortvollzug unter zwei Voraussetzungen. Zunächst muss das gestreckte Verfahren – auch wenn eine Ordnungsverfügung mit der Anordnung der sofortigen Vollziehung erlassen wird – zu lange dauern, um die Gefahr abwehren zu können. Zur Notwendigkeit gehört aber auch, dass die Anwendung des Sofortvollzuges verhältnismäßig ist.

Im Rahmen ihrer Befugnisse handelt die Vollstreckungsbehörde dann, wenn ein fiktiver bzw. hypothetischer Grund-VA rechtmäßig gewesen wäre. Zu prüfen ist daher, ob ein Grund-VA, für dessen Erfüllung hinreichend Zeit gewesen wäre und der im Rahmen des gestreckten Verfahrens erlassen worden wäre, rechtmäßig gewesen wäre.

Da dieser Grund-VA aber nur fiktiv ist und tatsächlich nicht erlassen wurde, ist im Rahmen der formellen Rechtmäßigkeit nur die Zuständigkeit zu prüfen. Auf die Beachtung von Form- und Verfahrensvorschriften (z. B. Durchführung einer Anhörung) kommt es nicht an, da diese bei einem fiktiven Grund-VA nicht beachtet werden können.

In materieller Hinsicht muss die Ordnungspflicht nicht geprüft werden. Der Sofortvollzug richtet sich nämlich nicht an einen bestimmten Adressaten, sondern ist adressatenneutral.

Beispiel:
Im obigen Beispiel von Kevin Klever ist ein Abschleppen des Autos durch die Oberbürgermeisterin der Stadt Köln rechtmäßig.
Zum einen liegt eine gegenwärtige Gefahr vor. Das Auto steht unter Verstoß gegen § 12 Abs. 4 StVO in zweiter Reihe. Deswegen liegt eine Störung der öffentlichen Sicherheit vor. Der Rechtsverstoß ist aber auch anhaltend, sodass die Gefährdungssituation bestehen bleibt.
Der Sofortvollzug ist auch notwendig, weil ein im gestreckten Verfahren ausgesprochener Grund-VA die bestehende gegenwärtige Gefahr nicht wirksam beseitigen kann. Kevin ist zum Zeitpunkt des Einschreitens nicht vor Ort, deswegen kann kein mündliches Wegfahrgebot ausgesprochen werden. Ebenfalls scheidet eine Halterfeststellung und anschließende schriftliche Ordnungsverfügung aus, weil dieses viel zu lange dauert und dieser Zeitverzug nicht hingenommen werden kann. Ferner ist ein Abschleppen des PKWs im Rahmen des Sofortvollzuges auch nicht unverhältnismäßig.

Die Oberbürgermeisterin der Stadt Köln handelt auch im Rahmen ihrer Befugnisse. Sie wäre für einen fiktiven Grund-VA (Wegfahrgebot) sachlich, instanziell und örtlich nach §§ 1, 5 und 4 OBG zuständig. Das Wegfahrgebot ist auch materiell rechtmäßig. Ermächtigungsgrundlage wäre § 14 OBG. Der fiktive Grund-VA (Wegfahrgebot) wäre auch nicht unverhältnismäßig, ebenfalls sind keine Ermessensfehler zu erkennen.
Offen bleiben kann hierbei, ob sich der fiktive Grund-VA (Wegfahrgebot) gegen Kevin als Verhaltensstörer nach § 17 Abs. 1 OBG bzw. als Zustandsstörer nach § 18 Abs. 2 Satz 1 OBG oder aber gegen seinen Vater Konrad als Zustandsstörer nach § 18 Abs. 1 OBG richtet, da es sich beim Sofortvollzug um eine adressatenneutrale Maßnahme handelt.

Zu beachten ist noch, dass der Sofortvollzug nur mit der Ersatzvornahme oder dem unmittelbaren Zwang möglich ist. Ein Zwangsgeld kann hier nicht in Betracht kommen.

ANHANG 1

Prüfschema „Rechtmäßigkeit einer Ordnungsverfügung“

I. Formelle Rechtmäßigkeit

1. Zuständigkeit der erlassenden Behörde
   a) Sachliche Zuständigkeit
      - nach Spezialgesetz
      - nach § 1 OBG
   b) Instanzielle Zuständigkeit
      - nach Spezialgesetz
      - nach §§ 5, 3 OBG
   c) Örtliche Zuständigkeit
      - nach Spezialgesetz
      - nach § 4 Abs. 1 OBG
      - nach § 4 Abs. 2 OBG
   d) Außerordentliche Zuständigkeit
      - nach § 6 Abs. 1 OBG
      - nach § 6 Abs. 2 OBG
2. Beachtung von Formvorschriften
   a) Schriftform (§ 20 Abs. 1 Satz 1 OBG)
      Ausnahme: Gefahr im Verzug (§ 20 Abs. 1 Satz 2 OBG)
   b) Erkennbarkeit der erlassenden Behörde, Unterschrift (§ 37 Abs. 3 VwVfG)
   c) Vorliegen einer Begründung (§ 39 Abs. 1 VwVfG)
   d) Rechtsbehelfsbelehrung (§ 20 Abs. 2 Satz 2 OBG)
   e) Ausdrückliche Bezeichnung als „Ordnungsverfügung“ (Punkt 20.11 VVOBG)
3. Einhaltung von Verfahrensvorschriften
   Insbesondere Anhörung Beteiligter (§ 28 Abs. 1 VwVfG)

II. Materielle Rechtmäßigkeit

1. Ermächtigungsgrundlage
   a) Spezialgesetzliche Ermächtigungsgrundlage außerhalb des OBG
   b) Standardmaßnahmen (§ 24 OBG i. V. m. PolG)
   c) Generalklausel (§ 14 Abs. 1 OBG)

2. Richtiger Adressat
   a) Nach Spezialgesetz
   b) Nach §§ 17 bis 19 OBG
3. Ermessen (§ 16 OBG, § 40 VwVfG)
   a) Entschließungsermessen
   b) Auswahlermessen zwischen mehreren Mitteln
   c) Auswahlermessen zwischen mehreren Störern
4. Verhältnismäßigkeit (§ 15 OBG)
5. Inhaltliche Bestimmtheit (§ 37 Abs. 1 VwVfG)
6. Rechtliche und tatsächliche Möglichkeit der Maßnahme
7. Verbot der Aufsichtserleichterung (§ 20 Abs. 2 Satz 1 OBG)

ANHANG 2

Prüfschema „Rechtmäßigkeit einer Zwangsmaßnahme im gestreckten Verfahren"

I. Ermächtigungsgrundlage (§ 55 Abs. 1 VwVG)

1. Vollstreckungsfähigkeit des Grund-VAs
   (gerichtet auf Vornahme einer Handlung, Duldung oder Unterlassen)
2. Vollstreckbarkeit des Grund-VAs
   (Unanfechtbarkeit oder Rechtsbehelf hat keine aufschiebende Wirkung)
3. Wirksamkeit des Grund-VAs
4. Keine Vollstreckungshindernisse

II. Rechtmäßigkeit der Zwangsmittelandrohung (§ 63 VwVG)

1. Formelle Rechtmäßigkeit
   a) Zuständigkeit (§ 56 VwVG)
   b) Schriftform (§ 63 Abs. 1 Satz 1 VwVG)
   c) Zustellung (§ 63 Abs. 6 VwVG)
   d) Vorliegen einer Begründung (§ 39 Abs. 1 VwVfG)
   e) Angabe der voraussichtlichen Kosten bei Androhung der Ersatzvornahme (§ 63 Abs. 4 VwVG)
2. Materielle Rechtmäßigkeit
   a) Tatbestandsvoraussetzungen des angedrohten Zwangsmittels
   b) Angemessene Frist bei Durchsetzung einer Handlung (§ 63 Abs. 1 Satz 2 bis 4 VwVG)
   c) Bestimmtheit der Zwangsmittelandrohung (§ 63 Abs. 3 und 5 VwVG)
   d) Entschließungsermessen
   e) Auswahlermessen bezüglich der Wahl des Zwangsmittels
   f) Verhältnismäßigkeit des Zwangsmittels (§ 58 VwVG)

III. Rechtmäßigkeit der Zwangsmittelfestsetzung (§ 64 VwVG)

1. Formelle Rechtmäßigkeit: Zuständigkeit (§ 56 VwVG)
2. Materielle Rechtmäßigkeit
   a) Fristablauf
   b) Zwangsmittel wird festgesetzt wie angedroht

IV. Rechtmäßigkeit der Zwangsmittelanwendung (§ 65 VwVG)

1. Zwangsmittel wird angewendet wie festgesetzt
2. Keine Vollzugseinstellung notwendig

Hinweise:

Soll nur die Rechtmäßigkeit der Zwangsmittelandrohung geprüft werden, entfallen die Punkte III und IV.
Soll nur die Rechtmäßigkeit einer Zwangsmittelfestsetzung geprüft werden, entfällt Punkt IV.

ANHANG 3

Beispiel für eine Ordnungsverfügung auf Grundlage der ordnungsbehördlichen Generalklausel mit Androhung eines Zwangsgeldes

STADT BOCHOLT
Der Bürgermeister
Berliner Platz 1
46395 Bocholt

Fachbereich
Öffentliche Ordnung (FB 20)
Auskunft erteilt **Zimmer**
Herr Knall 3
Telefon
02871/359-127

Datum
21. März 2022
Aktenzeichen
32-578-20/22

Mit Zustellungsurkunde
Herrn
Benedikt Böller
Raketenstr. 35

46395 Bocholt

O r d n u n g s v e r f ü g u n g

Abbrennen von Feuerwerkskörpern

Sehr geehrter Herr Böller,

hiermit untersage ich Ihnen das Abbrennen von pyrotechnischen Gegenständen der Kategorie 2 vom 02. Januar bis 30. Dezember eines jeden Jahres.

Sollten Sie dieser Ordnungsverfügung nicht nachkommen, drohe ich Ihnen für jeden Fall der Zuwiderhandlung ein Zwangsgeld in Höhe von 500,– EUR an. Sollte das Zwangsgeld uneinbringlich sein, werde ich beim Verwaltungsgericht Münster die Ersatzzwangshaft beantragen.

Die sofortige Vollziehung dieser Ordnungsverfügung wird angeordnet.

Begründung:

Mit Schreiben vom 09.03.2022 beschwerte sich ein Nachbar und gab an, dass Sie seit dem 07.01.2022 mehr oder weniger regelmäßig zu unterschiedlichen Zeiten Silvesterraketen von Ihrem Balkon abschießen würden. Am 08.03.2022 hätten Sie zwischen 21:12 Uhr und 22:40 Uhr insgesamt sieben Raketen abgeschossen. Eine um 21:31 Uhr abgeschossene Rakete sei gegen das Dachgeschossfenster des Beschwerdeführers geflogen und hätte nur deswegen keinen größeren Schaden in seiner Wohnung angerichtet, weil er das Fenster, welches er zum Lüften geöffnet hatte, wenige Minuten vorher geschlossen habe.

Ich habe Sie daraufhin mit Schreiben vom 10.03.2022 über die vorliegende Beschwerde unterrichtet und Ihnen mitgeteilt, dass ich beabsichtige, Ihnen das Abbrennen von pyrotechnischen Gegenständen der Kategorie 2 in der Zeit vom 02. Januar bis 30. Dezember eines jeden Jahres zu untersagen. Gleichzeitig gab ich Ihnen gem. § 28 des Verwaltungsverfahrensgesetzes für das Land Nordrhein-Westfalen (VwVfG) Gelegenheit, sich innerhalb einer Woche zum Sachverhalt und der beabsichtigten Maßnahme zu äußern.

Hiervon machten Sie Gebrauch und äußerten sich mit Schreiben vom 14.03.2022. Sie teilten mit, dass es Ihnen als „größtem Fan des FC Bayern nördlich des Weißwurstäquators" aufgrund der Entfernung nicht möglich sei, „Ihre Mannschaft" vor Ort im Stadion anzufeuern. Deshalb hätten Sie sich im Dezember 2021 dazu entschieden, ab dem Jahre 2022 „Ihre Mannschaft" nach jedem geschossenen Pflichtspieltor durch das Abbrennen einer Silvesterrakete aus Bocholt zu unterstützen.

Diese Raketen hätten Sie im Dezember 2021 in Belgien, wo der Verkauf von Feuerwerksartikeln ganzjährig möglich sei, erworben und einen Vorrat gekauft, der mindestens bis zum Champions-League-Finale 2022 reichen werde.

Die sieben am 08.03.2022 abgeschossenen Raketen erklärten Sie mit dem Champions-League-Spiel des FC Bayern München gegen den FC Salzburg, welches 7:1 endete.

Im Übrigen sind Sie der Meinung, dass die Nachbarn ggf. die Fenster schließen sollten, wenn der FC Bayern München spiele. Dieses würden sie ja auch an Silvester tun, um zu vermeiden, dass Raketen und Böller in ihre Wohnungen fliegen.

Aufgrund dieses Sachverhaltes sind die Voraussetzungen für ein Einschreiten nach § 14 Abs. 1 des Gesetzes über den Aufbau und die Befugnisse der Ordnungsbehörden (OBG) erfüllt.

Nach § 14 Abs. 1 OBG kann die Ordnungsbehörde bei Vorliegen einer Gefahr für die öffentliche Sicherheit oder Ordnung die notwendigen Maßnahmen treffen, um diese abzuwehren.

Die öffentliche Sicherheit ist deswegen gefährdet, weil mit der für ein ordnungsbehördliches Einschreiten notwendigen hinreichenden Wahrscheinlichkeit zu befürchten ist, dass von Ihnen abgeschossene Silvesterraketen in den Wohnungen von Nachbarn landen, dann dort explodieren und Menschen verletzen. Auch ist zu befürchten, dass durch in Wohnungen landende Raketen das Mobiliar beschädigt wird.

Die öffentliche Sicherheit ist aber auch deswegen gefährdet, weil Sie mit dem Abschießen der Silvesterraketen gegen § 23 Abs. 2 Satz 1 der Ersten Verordnung zum Sprenggesetz (1. SprengV) verstoßen, wonach das Abbrennen von pyrotechnischen Gegenständen der Kategorie 2 - hierzu gehören auch Silvesterraketen - vom 02. Januar bis 30. Dezember verboten ist. Etwas anderes gilt nur für Inhaber einer Erlaubnis nach § 7 oder § 27 des Gesetzes über explosionsgefährliche Stoffe (SprengG), für Inhaber eines Befähigungsscheins nach § 20 SprengG oder Inhaber einer Ausnahmebewilligung nach § 24 Abs. 1 der 1. SprengV, in deren Besitz Sie jedoch nicht sind.

Für die Zukunft ist mit weiteren Rechtsverstößen der vorgenannten Art zu rechnen.

Auch Ihre Einlassung im Rahmen der Anhörung konnte zu keiner anderen Entscheidung führen, denn es kann nicht sein, dass Ihre Nachbarn gezwungenermaßen die Fenster schließen müssen, wenn der FC Bayern München spielt. Ein Spieltag des FC Bayern München ist auch nicht mit der von Ihnen als Vergleich herangezogenen Situation zu Silvester vergleichbar, weil man mitten im Jahr zu Recht davon ausgehen darf, dass nicht ständig von irgendjemandem Raketen oder sonstiges Feuerwerk zu beliebigen Anlässen abgebrannt werden.

Aber selbst, wenn Ihre Nachbarn zu Spielzeiten des FC Bayern München die Fenster freiwillig geschlossen halten würden, wäre die Gefahr für die öffentliche Sicherheit nicht ausgeräumt, denn der Verstoß gegen die 1. SprengV würde weiter bestehen bleiben.

Die Entscheidung, ob und ggf. welche Maßnahmen zu treffen waren, lag in meinem pflichtgemäßen Ermessen. Abgewogen wurde Ihr Interesse, weiterhin Raketen zur Unterstützung des FC Bayern München abzufeuern, mit den Interessen der Allgemeinheit. Diese liegen darin, dass die Rechtsordnung eingehalten wird und mögliche Verletzungsgefahren durch in die Wohnung fliegende Feuerwerkskörper und ein damit ebenfalls verbundener Schaden am Mobiliar unterbleiben.

Diese Interessen der Allgemeinheit sind höher zu bewerten als Ihre. Deswegen habe ich mich zum Eingreifen entschlossen und das weitere Abbrennen von pyrotechnischen Gegenständen der Kategorie 2 untersagt.

Meine Entscheidung ist auch verhältnismäßig. Sie ist zum einen geeignet, die drohenden Schäden für die öffentliche Sicherheit abzuwehren. Auch stehen keine anderen geeigneten Mittel zur Verfügung, die Sie bzw. die Allgemeinheit weniger beeinträchtigen. Schließlich steht die Belastung für Sie, die in einem Unterlassen des weiteren Abbrennens von Silvesterraketen zu sehen ist, auch nicht außer Verhältnis zum Erfolg meiner Maßnahme, der - wie bereits dargelegt - in der Gefahrenabwehr liegt.

Ich habe die Ordnungsverfügung an Sie gerichtet, weil Sie Verhaltensstörer nach § 17 Abs. 1 OBG sind. Sie haben die Gefahr durch aktives Tun verursacht. Andere Störer kommen nicht in Betracht.

Sie sind zu einer effektiven Gefahrenabwehr in der Lage. Gründe, die gegen Ihre Inanspruchnahme sprechen, sind nicht ersichtlich.

Um die Beachtung des in dieser Verfügung ausgesprochenen Verbotes sicherzustellen, habe ich nach §§ 55 Abs. 1, 57, 60, 61 und 63 des Verwaltungsvollstreckungsgesetzes für das Land Nordrhein-Westfalen (VwVG) den Verwaltungszwang in Form des Zwangsgeldes angedroht.

Das Zwangsgeld ist in diesem Zusammenhang das mildeste denkbare Zwangsmittel. Andere, Sie weniger belastende Zwangsmittel stehen nicht zur Verfügung. Insbesondere kommt eine Ersatzvornahme nicht in Betracht, weil es sich beim geforderten Unterlassen des Abbrennens von pyrotechnischen Gegenständen der Kategorie 2 nicht um eine vertretbare Handlung handelt.

Bei der Bemessung der Zwangsgeldhöhe bin ich davon ausgegangen, dass nur ein entsprechend hoher Betrag geeignet sein wird, Sie zur Erfüllung der mit dieser Ordnungsverfügung verbundenen Verpflichtung zu veranlassen. Der angedrohte Betrag ist hierfür ausreichend, aber auch notwendig.

Auf eine Frist zur Erfüllung dieser Ordnungsverfügung konnte nach § 63 Abs. 1 Satz 2, 2. HS VwVG verzichtet werden, weil ein Unterlassen gefordert wird. Aus dem gleichen Grund durfte das Zwangsgeld nach § 57 Abs. 3 Satz 2 VwVG für jeden Fall der Zuwiderhandlung angedroht werden.

Die sofortige Vollziehung habe ich im besonderen öffentlichen Interesse nach § 80 Abs. 2 Satz 1 Nr. 4 der Verwaltungsgerichtsordnung (VwGO) angeordnet. Das hat zur Folge, dass die aufschiebende Wirkung einer etwaigen Klage entfällt.

Das besondere öffentliche Interesse ist in den oben dargelegten Gefahren begründet, die von Ihrem Verhalten ausgehen. Es kann und darf der Allgemeinheit nicht zugemutet werden, dass diese Ordnungsverfügung im Falle der Nichtbefolgung nicht vollstreckt werden kann. Bei der insoweit vorzunehmenden Interessensabwägung überwog das besondere öffentliche Interesse an einer kurzfristigen Beseitigung der Gefahr Ihr persönliches Interesse, solange weiter Silvesterraketen abzuschießen, bis ein Gericht abschließend über die Rechtmäßigkeit meiner Ordnungsverfügung entschieden hat.

Rechtsbehelfsbelehrung:

Gegen diese Ordnungsverfügung können Sie innerhalb eines Monats nach Zustellung Klage beim Verwaltungsgericht Münster erheben.

Zusätzliche Hinweise:

Die Klage kann schriftlich, zur Niederschrift des Urkundsbeamten der Geschäftsstelle oder in elektronischer Form eingereicht werden.

Die Anschrift des Verwaltungsgerichts Münster ist Piusallee 38, 48147 Münster.

Hochachtungsvoll
Im Auftrag

Knall

ANHANG 4

Beispiel für eine Zwangsgeldfestsetzung

STADT BOCHOLT
Der Bürgermeister
Berliner Platz 1
46395 Bocholt

Fachbereich
Öffentliche Ordnung (FB 20)
Auskunft erteilt **Zimmer**
Herr Knall 3
Telefon
02871/359-127

Datum
13. April 2022
Aktenzeichen
32-578-20/22

Herrn
Benedikt Böller
Raketenstr. 35

46395 Bocholt

Zwangsmittelfestsetzung

Abbrennen von Feuerwerkskörpern

Sehr geehrter Herr Böller,

hiermit setze ich das mit meiner Ordnungsverfügung vom 21.03.2022 angedrohte Zwangsgeld in Höhe von 500,– EUR fest.

Der Betrag ist innerhalb von zwei Wochen nach Zugang dieser Verfügung auf das Konto der Stadtkasse Bocholt, Kontonummer DE84 4285 0035 7502 6610 13, zu überweisen. Bei Uneinbringlichkeit des Zwangsgeldes werde ich gem. § 61 VwVG beim Verwaltungsgericht Köln die Ersatzzwangshaft beantragen.

Begründung:

Mit Ordnungsverfügung vom 21.03.2022, die am 23.03.2022 ordnungsgemäß mit Zustellungsurkunde zugestellt wurde, untersagte ich Ihnen das Abbrennen von pyrotechnischen Gegenständen der Kategorie 2 vom 02. Januar bis 30. Dezember eines jeden Jahres und drohte Ihnen für jeden Fall der Zuwiderhandlung ein Zwangsgeld in Höhe von 500,– EUR an.

Die von Ihnen erhobene Klage hat aufgrund der in der angefochtenen Verfügung gem. § 80 Abs. 2 Satz 1 Nr. 4 der Verwaltungsgerichtsordnung (VwGO) angeordneten sofortigen Vollziehung keine aufschiebende Wirkung.

Bei einer Kontrolle während des Champions-League-Spiels FC Bayern München gegen den FC Villareal am 12.04.2022 stellten meine Mitarbeiter fest, dass Sie zum Tor des FC Bayern München in der 58. Spielminute um 22:12 Uhr eine Silvesterrakete abfeuerten.

Da Sie nicht bereit sind, meine Ordnungsverfügung zu beachten, ist die zwangsweise Durchsetzung meiner Entscheidung erforderlich. Das Zwangsgeld ist daher nach § 64 des Verwaltungsvollstreckungsgesetzes für das Land Nordrhein-Westfalen (VwVG) festzusetzen.

Rechtsbehelfsbelehrung:

Gegen diese Ordnungsverfügung können Sie innerhalb eines Monats nach Bekanntgabe Klage beim Verwaltungsgericht Münster erheben.

Zusätzliche Hinweise:

Die Klage kann schriftlich, zur Niederschrift des Urkundsbeamten der Geschäftsstelle oder in elektronischer Form eingereicht werden.

Die Anschrift des Verwaltungsgerichts Münster ist Piusallee 38, 48147 Münster.

Hochachtungsvoll
Im Auftrag

Knall

ANHANG 5

Beispiel für eine Ordnungsverfügung auf Grundlage der Generalklausel und spezialgesetzlicher Ermächtigungsgrundlage mit Androhung der Ersatzvornahme

STADT HAMM
Der Oberbürgermeister
Unnaer Str. 10
59063 Hamm

Amt
Ordnungs- und Wahlamt
Auskunft erteilt **Zimmer**
Frau Hartholz 8
Telefon
02381/18-654321

Datum
05. Mai 2022
Aktenzeichen
32-320/22-84/22

Gegen Empfangsbekenntnis
Herrn
Bernd Bude
z. Zt. aufhältig
Großer Exerzierplatz

59065 Hamm

O r d n u n g s v e r f ü g u n g

Campieren auf dem Großen Exerzierplatz in 59065 Hamm

Sehr geehrter Herr Bude,

hiermit gebe ich Ihnen auf, den auf dem Großen Exerzierplatz in 59065 Hamm abgestellten PKW mit dem amtlichen Kennzeichen HAM-IR 317, den abgestellten Wohnwagen mit dem amtlichen Kennzeichen HAM-QZ 95 sowie das vor dem Wohnwagen aufgebaute Zelt inklusive aller weiteren von Ihnen auf den Großen Exerzierplatz verbrachten Gegenstände (insbesondere Campingausrüstung) zu entfernen und den Platz zu räumen.

Ferner untersage ich Ihnen das zukünftige Campieren auf öffentlichem Straßenland im Gebiet der Stadt Hamm.

Für den Fall, dass Sie den Großen Exerzierplatz nicht innerhalb von drei Tagen nach Zustellung dieser Ordnungsverfügung räumen oder in Zukunft erneut auf öffentlichem Straßenland innerhalb von Hamm campieren, drohe ich Ihnen an, im Wege der Ersatzvornahme eine Firma mit der Räumung des Großen Exerzierplatzes oder des dann von Ihnen benutzten öffentlichen Straßenlandes zu beauftragen. Die Kosten hierfür betragen voraussichtlich 750,– EUR und sind von Ihnen zu tragen.

Die sofortige Vollziehung dieser Ordnungsverfügung wird angeordnet.

Begründung:

Am 03.05.2022 teilte mir eine Bürgerin mit, dass auf dem Großen Exerzierplatz in 59065 Hamm ein PKW mit Wohnwagen stehe. Vor dem Wohnwagen sei ein Vorzelt aufgebaut worden.

Bei örtlichen Ermittlungen am 04.05.2022 wurden die Angaben bestätigt. Meine Mitarbeiter fanden einen PKW, Modell Ford Escort Kombi, amtliches Kennzeichen HAM-IR 317, sowie einen Wohnwagen mit dem amtlichen Kennzeichen HAM-QZ 95 mit Vorzelt vor. Sie saßen vor dem Vorzelt auf einem Campingstuhl. In dem Vorzelt befanden sich ein Campingtisch, ein weiterer Campingstuhl sowie ein Gaskocher.

Die notwendigen Erlaubnisse wurden Ihnen nicht erteilt.

Auf Nachfragen gaben Sie an, Ihre Wohnung verloren zu haben. Bis Sie eine neue Wohnung gefunden hätten, würden Sie beabsichtigen, auf dem Großen Exerzierplatz in Ihrem Wohnwagen zu wohnen. Die anfallenden Haushaltsabfälle entsorgen Sie nach eigener Aussage in den am Großen Exerzierplatz aufgestellten Abfallbehälter.

Meine Mitarbeiter legten Ihnen daraufhin die Rechtslage dar und wiesen insbesondere darauf hin, dass ein weiteres Campieren auf dem Großen Exerzierplatz nicht möglich sei und ggf. mit ordnungsbehördlichen Mitteln unterbunden werde. Sie erwiderten, solchen Maßnahmen gelassen entgegenzusehen. Das Aufsuchen einer Obdachlosenunterkunft lehnten Sie vehement ab. Auch ein offizieller Campingplatz käme für Sie nicht infrage, weil Ihnen diese „zu weit weg vom Schuss" lägen.

Aufgrund dieses Sachverhaltes sind die Voraussetzungen für ein Einschreiten nach § 14 Abs. 1 des Gesetzes über den Aufbau und die Befugnisse der Ordnungsbehörden (OBG) erfüllt.

Nach § 14 Abs. 1 OBG kann die Ordnungsbehörde bei Vorliegen einer Gefahr für die öffentliche Sicherheit oder Ordnung die notwendigen Maßnahmen treffen, um diese abzuwehren.

Die öffentliche Sicherheit ist deswegen gefährdet, weil mit der für ein ordnungsbehördliches Einschreiten notwendigen hinreichenden Wahrscheinlichkeit zu befürchten ist, dass Ihr illegales Campieren auf dem Großen Exerzierplatz zu einer Gesundheitsgefahr für die Besucher und Passanten führen wird. Die Entsorgung Ihrer organischen Haushaltsabfälle über die am Großen Exerzierplatz aufgestellten Abfallbehälter wird dazu führen, dass Ratten und anderes Ungeziefer angelockt werden. Diese stellen ein beträchtliches Risiko in Form einer möglichen Infektionsgefahr für Besucher und Passanten dar.

Abgesehen davon dürfen die auf den Straßen und in den Anlagen aufgestellten Abfallbehälter nach § 3 Abs. 1 Satz 1 der ordnungsbehördlichen Verordnung über die Aufrechterhaltung der öffentlichen Sicherheit und Ordnung auf den Straßen und in den Anlagen im Gebiet der Stadt Hamm sowie zum Schutz des Stadtgebietes vor Verunreinigungen (Straßen- und Anlagenordnung, StAO) nur zur Entsorgung von Abfall in geringen Mengen benutzt werden. Das Entsorgen von Haushaltsabfällen ist nach § 3 Abs. 1 Satz 2 StAO untersagt.

Die öffentliche Sicherheit ist aber auch gefährdet, weil Sie mit dem Campieren auf dem Großen Exerzierplatz gegen öffentlich-rechtliche Normen verstoßen. Zunächst verstoßen Sie gegen § 5 Abs. 4 StAO. Hiernach dürfen Anlagen und Straßen nicht zum Lagern und Nächtigen genutzt werden, soweit nicht ausdrücklich etwas anderes zugelassen ist.

Der Große Exerzierplatz ist eine Anlage im Sinne von § 1 Abs. 3 StAO. Eine den § 5 Abs. 4 StAO einschränkende Regelung zur Nutzung des Großen Exerzierplatzes zum Lagern und Nächtigen existiert nicht. Somit verstoßen Sie durch das Übernachten in Ihrem auf dem Großen Exerzierplatz abgestellten Wohnwagen gegen § 5 Abs. 4 StAO.

Ferner ist nach § 8 StAO das Aufstellen von Wohnwagen und deren Zugfahrzeugen in den Anlagen nur mit Erlaubnis gestattet.

Eine solche Erlaubnis ist Ihnen nicht erteilt worden. Sie kann Ihnen auch nicht erteilt werden, weil der Große Exerzierplatz nicht die Anforderungen erfüllt, die nach der Verordnung über Camping- und Wochenendplätze (CW VO) an einen Campingplatz zu stellen sind. Insbesondere sind eine Trinkwasserversorgung und eine Brauchwasser- und Fäkalienentsorgung dort nicht sichergestellt.

Deswegen liegt auch ein Verstoß gegen § 8 StAO vor.

In beiden Fällen ist eine Rechtsverletzung bereits eingetreten und der Schaden hat sich realisiert. Weil es sich jedoch um einen andauernden Rechtsverstoß handelt, bleibt die Gefährdungssituation bestehen und rechtfertigt ein Einschreiten.

Rechtsgrundlage für diese Ordnungsverfügung ist aber auch § 22 Abs. 1 Satz 1 des Straßen- und Wegegesetzes für das Land Nordrhein-Westfalen (StrWG). Danach kann ich die erforderlichen Maßnahmen zur Beendigung einer Straßenbenutzung anordnen, wenn diese ohne die erforderliche Erlaubnis benutzt wird.

Diese Voraussetzung ist gegeben, denn das Abstellen des PKWs, des Wohnwagens und das Aufstellen des Vorzelts stellt eine Sondernutzung öffentlichen Straßenlands dar, die nach § 18 Abs. 1 Satz 2 StrWG erlaubnispflichtig ist. Die Erlaubnispflicht ergibt sich daraus, dass der Große Exerzierplatz dem öffentlichen Verkehr gewidmet ist. Ihr Campieren dient aber nicht vorwiegend dem öffentlichen Verkehr und ist somit kein erlaubnisfreier Gemeingebrauch nach § 14 Abs. 3 Satz 1 StrWG.

Eine Sondernutzungserlaubnis – sofern von Ihnen beantragt – hätte ich ablehnen müssen. Zur Vermeidung von Wiederholungen verweise ich hierzu auf meine obigen Ausführungen.

Auch unter Berücksichtigung Ihrer Einlassung im Rahmen der Anhörung am 04.05.2022 ist keine andere Entscheidung möglich, denn die von Ihnen vorgetragenen Gründe rechtfertigen weder eine andere Beurteilung der Gefahrensituation noch der Erlaubnispflichtigkeit.

Die Entscheidung, ob und ggf. welche Maßnahmen zu treffen waren, lag in meinem pflichtgemäßen Ermessen. Abgewogen wurde Ihr Interesse daran, weiterhin auf dem Großen Exerzierplatz zu campieren mit den Interessen der Allgemeinheit. Diese liegen darin, die mit Ihrem Campieren verbundenen Gefahren für die öffentliche Sicherheit zu unterbinden und die weitere nicht genehmigungsfähige Sondernutzung öffentlichen Straßenlands zu verhindern.

Diese Interessen der Allgemeinheit sind höher zu bewerten als Ihre. Deswegen habe ich mich zum Eingreifen entschlossen und die Räumung des Großen Exerzierplatzes verfügt.

Meine Entscheidung ist auch verhältnismäßig. Sie ist zum einen geeignet, die drohenden Schäden für die öffentliche Sicherheit abzuwehren. Auch stehen keine anderen geeigneten Mittel zur Verfügung, die Sie bzw. die Allgemeinheit weniger beeinträchtigen. Schließlich steht die Belastung für Sie, die in einer Räumung des Großen Exerzierplatzes liegt, auch nicht außer Verhältnis zu dem erstrebten Erfolg meiner Maßnahme, der – wie bereits dargelegt – in der Gefahrenabwehr liegt.

Sie sind Verhaltensstörer nach § 17 Abs. 1 OBG, denn Sie haben die Gefahr für die öffentliche Sicherheit dadurch verursacht, dass Sie den PKW, den Wohnwagen und die weiteren Gegenstände auf den Großen Exerzierplatz gebracht haben und dort campieren.

Auch sind Sie als Zustandsstörer nach § 18 Abs. 1 OBG anzusehen, denn Sie sind Eigentümer des PKWs HAM-IR 317, des Wohnwagens HAM-QZ 95 sowie der anderen Gegenstände, von denen die Gefahr ausgeht.

Weitere Störer sind nicht vorhanden.

Sie sind zu einer effektiven Gefahrenabwehr in der Lage. Gründe, die gegen Ihre Inanspruchnahme sprechen, sind nicht ersichtlich.

Um die Beachtung des in dieser Verfügung ausgesprochenen Gebotes sicherzustellen, habe ich nach §§ 55 Abs. 1, 57, 59 und 63 des Verwaltungsvollstreckungsgesetzes für das Land Nordrhein-Westfalen (VwVG) den Verwaltungszwang in Form der Ersatzvornahme angedroht.

Die Ersatzvornahme ist in diesem Zusammenhang das mildeste denkbare Zwangsmittel. Andere, Sie weniger belastende Zwangsmittel stehen nicht zur Verfügung. Insbesondere kommt ein Zwangsgeld nicht in Betracht, weil es im Falle der Nichtbefolgung dieser Ordnungsverfügung die Gefahr nicht effektiv beseitigen kann und zu nicht vertretbaren Verzögerungen führen würde.

Sollte die Durchführung höhere Kosten verursachen als von mir geschätzt, wäre der Mehrbetrag ebenfalls von Ihnen zu tragen.

Die sofortige Vollziehung dieser Ordnungsverfügung habe ich im besonderen öffentlichen Interesse nach § 80 Abs. 2 Satz 1 Nr. 4 der Verwaltungsgerichtsordnung (VwGO) angeordnet. Das hat zur Folge, dass die aufschiebende Wirkung einer etwaigen Klage entfällt.

Das besondere öffentliche Interesse ist in den oben dargelegten Gefahren begründet, die von Ihrem Campieren auf dem Großen Exerzierplatz ausgehen. Es kann und darf der Allgemeinheit nicht zugemutet werden, dass im Falle des Verstreichens der Ihnen eingeräumten Frist diese Ordnungsverfügung nicht vollstreckt werden kann. Bei der insoweit vorzunehmenden Interessensabwägung überwog das besondere öffentliche Interesse an einer kurzfristigen Beseitigung der Gefahr Ihr persönliches Interesse, den Großen Exerzierplatz solange nicht zu räumen, bis ein Gericht über die Rechtmäßigkeit meiner Ordnungsverfügung entschieden hat.

Abschließend weise ich darauf hin, dass die Verstöße gegen §§ 3, 5 Abs. 4 und 8 StAO Ordnungswidrigkeiten darstellen, die nach § 20 Abs. 1 Nr. 4, Nr. 11 und Nr. 16 StAO mit einer Geldbuße von jeweils bis zu 1.500,– EUR geahndet werden können. Auch der Verstoß gegen § 18 Abs. 1 Satz 2 StrWG ist nach § 59 Abs. 1 Nr. 1 StrWG eine Ordnungswidrigkeit und kann mit einer Geldbuße von bis zu 1.000,– EUR geahndet werden. Ein entsprechendes Ordnungswidrigkeitenverfahren wird von mir eingeleitet.

Ebenfalls werde ich für die bisherige illegale Sondernutzung öffentlichen Straßenlands in einem gesonderten Verfahren Gebühren festsetzen.

Rechtsbehelfsbelehrung:

Gegen diesen Bescheid können Sie innerhalb eines Monats nach Zustellung Klage beim Verwaltungsgericht Arnsberg erheben.

Zusätzliche Hinweise:

Die Klage kann schriftlich, zur Niederschrift des Urkundsbeamten der Geschäftsstelle oder in elektronischer Form eingereicht werden.

Die Anschrift des Verwaltungsgerichts Arnsberg ist Jägerstraße 1, 59821 Arnsberg.

Hochachtungsvoll
Im Auftrag

Hartholz

ANHANG 6

Beispiel für die Festsetzung einer Ersatzvornahme

STADT HAMM
Der Oberbürgermeister
Unnaer Str. 10
59063 Hamm

Amt
Ordnungs- und Wahlamt
Auskunft erteilt **Zimmer**
Frau Hartholz 8
Telefon
02381/18-654321

Datum
10. Mai 2022
Aktenzeichen
32-320/22-84/22

Persönliche Übergabe
Herrn
Bernd Bude
z. Zt. aufhältig
Großer Exerzierplatz

59065 Hamm

Z w a n g s m i t t e l f e s t s e t z u n g

Campieren auf dem Großen Exerzierplatz in 59065 Hamm

Sehr geehrter Herr Bude,

das mit meiner Ordnungsverfügung vom 05.05.2022 angedrohte Zwangsmittel der Ersatzvornahme setze ich hiermit fest.

Die Ersatzvornahme wird am 13.05.2022 um 11:00 Uhr durchgeführt.

Begründung:

Mit Ordnungsverfügung von 05.05.2022 gab ich Ihnen auf, den auf dem Großen Exerzierplatz in 59065 Hamm abgestellten PKW mit dem amtlichen Kennzeichen HAM-IR 317, den abgestellten Wohnwagen mit dem amtlichen Kennzeichen HAM-QZ 95 sowie das vor dem Wohnwagen aufgebaute Zelt inklusive aller weiteren von Ihnen auf den Großen Exerzierplatz verbrachten Gegenstände (insbesondere Campingausrüstung) zu entfernen und den Platz zu räumen.

Für den Fall, dass Sie den großen Exerzierplatz nicht innerhalb von drei Tagen nach Zustellung räumen, habe ich Ihnen das Zwangsmittel der Ersatzvornahme angedroht.

Die sofortige Vollziehung der Ordnungsverfügung wurde angeordnet.

Die Ordnungsverfügung wurde am 06.05.2022 gegen Empfangsbekenntnis zugestellt.

Bei einer Kontrolle am heutigen Tag stellte ich fest, dass Sie meiner Ordnungsverfügung nicht nachgekommen sind und nach wie vor auf dem Großen Exerzierplatz campieren.

Da Sie nicht bereit sind, meiner vollziehbaren Ordnungsverfügung Folge zu leisten, ist die Durchsetzung meiner Entscheidung im Wege der Ersatzvornahme erforderlich. Das angedrohte Zwangsmittel ist daher nach § 64 des Verwaltungsvollstreckungsgesetzes für das Land Nordrhein-Westfalen (VwVG) festzusetzen.

Abschließend weise ich nochmals darauf hin, dass die Kosten der Ersatzvornahme in Höhe von voraussichtlich 750,– EUR von Ihnen zu tragen sind. Der Betrag kann erst nach Durchführung der Maßnahme genau beziffert werden und wird durch separaten Leistungsbescheid geltend gemacht.

<u>Rechtsbehelfsbelehrung:</u>

Gegen diesen Bescheid können Sie innerhalb eines Monats nach Bekanntgabe Klage beim Verwaltungsgericht Arnsberg erheben.

<u>Zusätzliche Hinweise:</u>

Die Klage kann schriftlich, zur Niederschrift des Urkundsbeamten der Geschäftsstelle oder in elektronischer Form eingereicht werden.

Die Anschrift des Verwaltungsgerichts Arnsberg ist Jägerstraße 1, 59821 Arnsberg.

Hochachtungsvoll
Im Auftrag

Hartholz

ANHANG 7

Beispiel für eine Ordnungsverfügung auf Grundlage einer spezialgesetzlichen Ermächtigungsgrundlage mit Androhung unmittelbaren Zwangs

STADT KÖLN
Die Oberbürgermeisterin
Willy-Brandt-Platz 3
50679 Köln

Amt
Amt für öffentliche Ordnung
Auskunft erteilt **Zimmer**
Herr Pingelig 8
Telefon
0221/211-12345

Datum
28. Mai 2021
Aktenzeichen
32-321/23-57/21

Mit Zustellungsurkunde
Herrn
Ludwig Leiter
Sprossenstr. 13

51063 Köln

Ordnungsverfügung

Untersagung der weiteren Gewerbeausübung

Sehr geehrter Herr Leiter,

hiermit untersage ich Ihnen die weitere selbstständige Ausübung des Gewerbes „Gerüstbauer", jede weitere selbstständige Gewerbeausübung sowie die Tätigkeiten als Vertretungsberechtigter eines Gewerbetreibenden und als mit der Leitung eines Gewerbebetriebes beauftragte Person.

Die Untersagung gilt auf Dauer für das gesamte Gebiet der Bundesrepublik Deutschland und verpflichtet Sie, die Gewerbeausübung einzustellen, ausschließlich gewerblich genutzte Betriebsräume zu schließen und die gewerbliche Nutzung von Kraftfahrzeugen sowie jegliche auf die Fortsetzung oder erneute Ausübung der untersagten Gewerbe gerichtete Handlungen zu unterlassen.

Für den Fall, dass Sie Ihrer Pflicht zur Unterlassung der Gewerbeausübung nicht innerhalb eines Monats nach Vollziehbarkeit dieser Verfügung nachkommen, drohe ich Ihnen die Anwendung unmittelbaren Zwangs an.

Des Weiteren drohe ich Ihnen für den Fall, dass Sie zu einem späteren Zeitpunkt eine von dieser Gewerbeuntersagung erfasste Tätigkeit als Vertretungsberechtigter eines Gewerbetreibenden oder als mit der Leitung eines Gewerbebetriebes beauftragte Person aufnehmen sollten ein Zwangsgeld in Höhe von 5.000,– EUR an, bei dessen Uneinbringlichkeit ich beim Verwaltungsgericht Köln die Ersatzzwangshaft beantragen werde.

Die sofortige Vollziehung dieser Verfügung wird angeordnet.

Begründung:

Am 03.02.2021 zeigten Sie rückwirkend zum 01.02.2021 die Ausübung des Gewerbes „Gerüstbauer" mit Sitz der Betriebsstätte in der Holmenstr. 71, 51063 Köln, an. Darüber hinaus übten Sie vom 01.04.2015 bis 30.08.2016 das Gewerbe „Holz- und Bautenschutz" aus.

Am 25.02.2021 habe ich erfahren, dass Ihr Führungszeugnis folgende Eintragungen ausweist:

1. Verurteilung vom Amtsgericht Köln vom 26.07.2002 zu sechs Monaten Freiheitsstrafe (zwei Jahre Bewährungszeit) wegen gemeinschaftlichen schweren Diebstahls, Diebstahls in drei Fällen, Unterschlagung in Tateinheit mit Fahren ohne Fahrerlaubnis, Verkehrsunfallflucht.
2. Verurteilung vom Amtsgericht Köln vom 24.06.2003 zu einem Jahr Jugendstrafe wegen Diebstahls in zwei Fällen und gemeinschaftlich versuchten Diebstahls.
3. Verurteilung vom Amtsgericht Köln vom 06.02.2004 zu einem Jahr und sechs Monaten Jugendstrafe (drei Jahre Bewährungszeit) wegen Körperverletzung in zwei Fällen.
4. Verurteilung vom Amtsgericht Köln vom 06.03.2006 zu zwei Jahren und neun Monaten Freiheitsstrafe wegen gefährlicher Körperverletzung, Körperverletzung in zwei Fällen, versuchter Nötigung, unerlaubten Entfernens vom Unfallort, vorsätzlichen Fahrens ohne Fahrerlaubnis.
5. Verurteilung vom Amtsgericht Köln vom 20.08.2009 zu sechs Monaten Freiheitsstrafe wegen Diebstahls im besonders schweren Fall.
6. Verurteilung vom Amtsgericht Köln vom 28.08.2009 zu einem Jahr Freiheitsstrafe (drei Jahre Bewährungszeit) wegen gefährlicher Körperverletzung in zwei Fällen.
7. Verurteilung vom Amtsgericht Köln vom 01.10.2009 zu sieben Monaten Freiheitsstrafe wegen Fahrens ohne Fahrerlaubnis in zwei Fällen, in einem Fall mit Trunkenheit im Verkehr und Körperverletzung.
8. Verurteilung vom Amtsgericht Köln vom 01.12.2011 zu sieben Monaten Freiheitsstrafe wegen Körperverletzung im Rückfall.
9. Verurteilung vom Amtsgericht Köln vom 19.03.2015 zu acht Monaten Freiheitsstrafe (fünf Jahre Bewährungszeit) wegen versuchter Nötigung.
10. Verurteilung vom Amtsgericht Köln vom 06.06.2017 zu drei Jahren Freiheitsstrafe wegen gefährlicher Körperverletzung.
11. Verurteilung vom Amtsgericht Köln vom 09.03.2018 zu einer Freiheitsstrafe von drei Jahren und drei Monaten wegen Körperverletzung.

Meine daraufhin im Rahmen des eingeleiteten Gewerbeuntersagungsverfahrens durchgeführten Ermittlungen haben ergeben, dass den Verurteilungen folgende Sachverhalte zugrunde liegen:

1. In der Nacht zum 09.09.2001 öffneten Sie mit Bekannten einen in Köln-Stammheim, Vogelstraße, abgestellten PKW durch Aufhebeln des Seitenfensters und entwendeten aus dem Wagen eine Wolldecke und ein Parkgroschenbehältnis. Weiterhin brachen Sie in der Nacht zum 02.10.2001 mit einem Bekannten einen PKW der Marke VW in Köln-Stammheim, Abendgraben 1, auf und entwendeten einen Schraubenzieher.
In der gleichen Nacht öffneten Sie allein einen in der Gebrüder-Grimm-Straße geparkten PKW und entwendeten aus diesem Fahrzeug einen Fotoapparat.
Durch Zertrümmern des Seitenfensters öffneten Sie in der Nacht zum 24.10.2001 einen in der Scharfensteinstraße abgestellten PKW und entwendeten aus ihm einen CD-Walkman.
In der Nacht zum 21.11.2001 gelangten Sie auf ungeklärte Weise in den Besitz eines PKW der Marke Opel, der in der Graf-Adolf-Straße in Köln-Mülheim abgestellt war. Obwohl Sie nicht im Besitz einer Fahrerlaubnis waren, fuhren Sie mit dem Wagen davon. Anschließend verursachten Sie infolge überhöhter Geschwindigkeit an der Kreuzung Düsseldorfer Straße/Schönrather Straße einen Verkehrsunfall, bei dem der Wagen selbst sowie die Ampelanlage erheblich beschädigt wurden. Nach dem Unfall liefen Sie davon.
Diese Feststellungen des Gerichts beruhten auf Ihren Geständnissen.
Bei der Strafbemessung wurde durch das Gericht berücksichtigt, dass Sie aus schwierigen familiären Verhältnissen stammen und im Bereich der Übergangshäuser in der Buchholzstraße aufgewachsen sind.

2. Am Abend des 08.04.2003 entwendeten Sie aus einem Backwarengeschäft im Einkaufszentrum Moses-Hess-Straße, nachdem Sie die Schaufensterscheibe mit einem Stein eingeschlagen haben, fünf Stangen Zigaretten, die Sie anschließend rauchten bzw. verkauften. Danach warfen Sie mit einer Fußgängerbodenplatte die Schaufensterscheibe eines Geschäfts ein und entwendeten einige Modeschmuck-Ketten, die Sie teilweise verkauften.
In der Nacht zum 21.04.2003 brachen Sie mit Bekannten in das Lager des Kaufhauses „Karstadt" ein. Nachdem Sie über einen Zaun gestiegen waren, öffneten Sie mit einem Eisenstück gewaltsam die Tür und entwendeten ein Fernsehgerät und einen Karton mit zehn DVD-Playern.
Vom Gericht wurde berücksichtigt, dass Sie bereits strafrechtlich in Erscheinung getreten sind und die o.g. Sachverhalte erkennen lassen, dass Ihre schädlichen Neigungen zum Zeitpunkt des Urteilspruches noch fortbestanden. Ebenfalls wurde berücksichtigt, dass Sie die früheren Verfahren nicht in ausreichendem Maße gewarnt haben.

3. Am 12.06.2003 stritt sich gegen 16:40 Uhr ein elfjähriger türkischer Junge auf der Buchholzstraße mit einem gleichaltrigen Jugendlichen. Die Mutter des türkischen Jungen, die den Streit beobachtet hatte, eilte herbei und trennte die beiden Jungen. Dieses nahmen Sie zum Anlass, sich einzumischen. Sie forderten die Mutter des türkischen Jungen auf, die Kinder in Ruhe zu lassen, worauf sich zwischen Ihnen und der Mutter ein heftiger

Streit entwickelte. Nicht bewiesen ist, ob Ihnen im Verlauf dieses heftigen Streits die erregte türkische Mutter mit der flachen Hand ins Gesicht schlug. Sicher ist jedoch, dass Sie diese Auseinandersetzung beendeten, indem Sie der Mutter mit der Faust gezielt ins Gesicht schlugen, sodass sie zu Boden fiel und eine handflächengroße Beule an der rechten Kopfseite, einige Blutergüsse und Hautabschürfungen erlitt. Außerdem blutete sie aus dem Mund und musste im Krankenhaus ärztlich versorgt werden.
Der Ehemann der verletzten Frau wollte Sie am Abend des gleichen Tages in Begleitung seines Sohnes und eines Nachbarn zur Rede stellen. Als er Sie auf der Buchholzstraße traf und Sie ansprach, schlugen Sie ihm sofort mit der Faust auf die linke Schläfe, sodass ihm schwindelig wurde und er zu Boden ging. Bei dem anschließenden Handgemenge verletzten Sie sich beide. Die Feststellungen des Gerichts beruhten auf unbeeideten Zeugenaussagen.
Das Gericht führte in der Urteilsbegründung weiter aus, dass Sie sich aufgrund der ungünstigen familiären Verhältnisse, in denen Sie groß geworden sind, einen „Ehrenkodex" zu eigen gemacht hätten, wonach Gewalt mit Gewalt zu vergelten sei. Weiter führte das Gericht aus, dass dieser „Ehrenkodex" von Ihrer jeweiligen Stimmung abhängig sei. Freundlichkeit könne in kurzer Zeit in Trotz, Uneinsichtigkeit und Aggressivität umschlagen, wenn Sie sich angegriffen fühlen. Nach Auffassung des Gerichts ist die oben beschriebene Körperverletzung typisch für Sie.

4. Am 03.09.2004 betraten Sie gegen 23:30 Uhr die Gaststätte in Köln-Stammheim, Am Unterhof 23 und verlangten ein Glas Bier. Da Sie stark angetrunken waren, wollte der Wirt Ihnen nichts ausschenken und forderte Sie auf, die Gaststätte zu verlassen. Daraufhin versetzten Sie ihm einen Faustschlag ins Gesicht, der einen Nasenbeinbruch und eine Schädelprellung zur Folge hatte. Der Wirt war mehrere Tage arbeitsunfähig.

In die Entscheidung des Gerichts wurden ebenfalls folgende Vorfälle miteinbezogen:

Am 07.09.2004 sprachen Sie gegen 22:10 Uhr an der Ecke Bonnhoefferstraße/Hofstraße eine Person an und versuchten, diese durch herausfordernde Redensarten zu provozieren. Dann forderten Sie die Person auf, Ihnen den Standort ihres Motorrades zu nennen. Als die Person sich weigerte, weil sie den Eindruck hatte, dass Sie mit ihrem Motorrad eine Spritztour unternehmen wollten, versetzten Sie ihr einen Faustschlag ins Gesicht, der sie zu Boden warf. Als sie am Boden lag, traten Sie ihr mit dem Fuß ins Gesicht. Nochmals schlugen Sie auf sie ein, als sie sich vom Boden erhob. Der Geschädigte erlitt einen Nasenbeinbruch, außerdem waren die beiden rechten oberen Schneidezähne zum Teil abgebrochen. Nach der begangenen Körperverletzung drohten Sie der Begleiterin des Geschädigten, sie hätte „die längste Zeit gelebt", wenn sie Ihren Namen im Zusammenhang mit der Schlägerei nenne.
Um 01:00 Uhr des 24.09.2004 klingelten Sie mit einem Bekannten wiederholt an der Tür des Hauses Weinsbergstraße 37 in Köln-Ehrenfeld. Von dem dort wohnenden Zeugen verlangten Sie eine gewisse „Eva" zu sprechen. Der Zeuge verbat sich die wiederholten Störungen und forderte Sie auf, ihn in Ruhe zu lassen. Daraufhin fielen Sie mit Ihrem Bekannten über ihn her und schlugen abwechselnd auf ihn ein. Der Zeuge erlitt Prellungen und Hautabschürfungen.

Am 25. oder 26.01.2005 baten Sie auf einer Party einen Bekannten, Ihnen seinen PKW mit dem amtlichen Kennzeichen K-HL 803 auszuleihen. Der Bekannte war einverstanden und händigte Ihnen den Schlüssel aus, obwohl Ihnen beiden bewusst war, dass Sie nicht im Besitz der zum Führen eines PKW erforderlichen Fahrerlaubnis waren. Gegen 16:30 Uhr des 26.01.2005 wurden Sie mit dem geliehenen PKW auf der Buchholzstraße in einen Autounfall verwickelt. Unter dem Vorwand, Sie wollen die Fahrzeugpapiere zu Hause holen, liefen Sie weg, ohne sich um den Unfall zu kümmern. Erst am 01.02.2005 stellten Sie sich mit Ihrer Bewährungshelferin der Polizei.
Darüber hinaus führten Sie am 14.03.2005, am 02.06.2005 und am 19.07.2005 ein Kraftfahrzeug ohne Fahrerlaubnis.

5. In der Nacht vom 06. zum 07.09.2008 entschlossen Sie sich aufgrund einer akuten finanziellen Notlage, den Kiosk in der Hacketäuerstr. 19 in Köln-Mülheim aufzubrechen und Sachen zu entwenden. Nachdem Sie sich Zugang zum Kiosk verschafft hatten, entwendeten Sie dort erhebliche Mengen Zigaretten und Tabak sowie 291 EUR Bargeld. Die entwendeten Gegenstände wurden in Ihrer Wohnung vorgefunden und sichergestellt.

6. Am 22.01.2008 fielen Sie ohne Grund über eine Person her und schlugen diese mit heftigen Faustschlägen gegen Kopf und Körper zu Boden und traten mit den Füßen auf sie ein. Den Zeugen, der der geschädigten Person beim Aufstehen helfen wollte, packten Sie von hinten und warfen ihn ebenfalls zu Boden. Auf die jetzt zu Hilfe eilende Person schlugen Sie auch mit beiden Fäusten ein, bis diese zu Boden fiel und traten dann noch weiter mit den Füßen wahllos auf den wehrlos am Boden Liegenden ein. Der Geschädigte erlitt dabei einen Bruch des linken Wadenbeines sowie einen Bruch beider Knöchel.

7. Am 15.06.2008 nahmen Sie in Köln und anderen Orten mit einem fahrerlaubnispflichtigen Kraftfahrzeug am öffentlichen Straßenverkehr teil, ohne im Besitz der erforderlichen Fahrerlaubnis zu sein. Darüber hinaus schlugen Sie am 06.08.2008 eine Person ohne erkennbaren Anlass mit der Faust ins Gesicht und nahmen anschließend mit einem PKW ohne Fahrerlaubnis im Zustand alkoholbedingter Fahruntüchtigkeit am öffentlichen Straßenverkehr teil.

8. Am 07.08.2010 haben Sie einer Person mit der Faust ins Gesicht geschlagen, sodass diese eine Platzwunde am Auge und eine Kieferprellung davontrug und außerdem ein Stück eines Schneidezahns verlor. Der Grund der Körperverletzung war, dass der Geschädigte Ihre kleine Tochter mit einem Regenschirm im Gesicht gestreift hat ohne jedoch ernsthafte Verletzungen zuzufügen.
Das Gericht hat die Strafe nicht mehr zur Bewährung ausgesetzt, da angesichts Ihres Vorlebens keine günstige Sozialprognose gestellt werden konnte.

9. Am 30.10.2014 suchten Sie gegen 19:00 Uhr die Wohnung Ihrer von Ihnen getrennt lebenden Ehefrau auf. Sie beabsichtigten, den neuen Bekannten Ihrer Ehefrau, von dem Sie wussten, dass er sich zu diesem Zeitpunkt in der Wohnung aufhielt, aus der Wohnung zu werfen. Als Sie an die Wohnungstür klopften, wurde Ihnen von Ihrer Ehefrau der Zutritt verwehrt. Sie gerieten daraufhin in Wut, hämmerten mit der Faust

gegen die Tür und beschimpften Ihre Ehefrau, es werde „etwas passieren“, wenn nicht sofort die Tür aufgemacht würde. Als Ihre Ehefrau die Tür weiterhin nicht öffnete, traten Sie, weiterhin schimpfend und fluchend, die Tür ein. Es gelang Ihnen jedoch nicht, die Wohnung zu betreten, da Ihre Ehefrau Ihnen durch die zerbrochene Tür hindurch Tränengas in die Augen sprühte. Daraufhin zogen Sie sich zurück.
Zur Tatzeit standen Sie erheblich unter Alkoholeinfluss. Eine um 21:45 Uhr entnommene Blutprobe ergab eine Blutalkoholkonzentration von 1,42 ‰.
Gegenüber dem Gericht räumten Sie ein, unter Drohung versucht zu haben, in die Wohnung Ihrer Ehefrau zu gelangen, um dem sich darin aufhaltenden Bekannten Ihrer Frau „eine Lehre zu erteilen“. Dieses hatten Sie sich bereits seit längerer Zeit vorgenommen. Der Entschluss sei während der Verbüßung Ihrer insgesamt fast vierjährigen Haftzeit gereift.
Das Gericht hatte Ihnen strafverschärfend vorgehalten, dass Sie die Tat nur wenige Tage nach der Entlassung aus einer mehrjährigen Haftstrafe begangen haben. Dieses zeigt nach Ansicht des Gerichts, dass auch die Verbüßung empfindlicher Strafen Sie nicht davon abhalten könne, bereits kurze Zeit später erneut massiv straffällig zu werden. Aus der Tatsache, dass die Tat von Ihnen geplant und vorbereitet war, erkannte das Gericht – verbunden mit Ihrem rücksichtslosen Vorgehen – eine erhebliche kriminelle Energie.

10. Nachdem Sie einer Bekannten am 18.11.2016 beim Umzug geholfen und im Verlaufe des Tages zumindest einen Liter Weinbrand, ohne im nennenswerten Umfang zu essen, zu sich genommen haben, trafen Sie sich nach Beendigung des Umzugs mit einem anderen Helfer in der Gaststätte „Zum schmierigen Löffel“ in Köln-Mülheim. In der Gaststätte nahmen Sie weiter Alkohol zu sich und konsumierten bis zum Ende des Abends zehn Weinbrand-Cola in Cognacgläsern, die bis zum Eichstrich mit Cognac gefüllt waren. Im Verlaufe einer an der Theke geführten Unterhaltung kam die Sprache dann auf einen Bekannten, der zum damaligen Zeitpunkt in Haft saß und mit dessen Freundin Sie eine Auseinandersetzung gehabt haben. Es stand in Rede, dass der zum damaligen Zeitpunkt in Haft Sitzende Sie nach seiner Entlassung zur Rechenschaft ziehen würde. In diesem Zusammenhang zeigten Sie den umherstehenden Gästen ein Butterflymesser, das Sie bereits seit einigen Wochen mit sich führten. Bei diesem Butterflymesser handelte es sich um ein Messer mit zwei Griffhälften, die es ermöglichen, das Messer mit einer Hand zu öffnen. Die ca. 12 cm lange Klinge war schmal, spitz und beiderseits geschliffen. Ein Bekannter merkte beim Anblick des Messers an, dass der z. Zt. in Haft Sitzende Sie mitsamt dem Messers aus dem Fenster werfen würde. Aufgrund dieser Äußerung erregten Sie sich und redeten weiter auf Ihren Bekannten ein, wobei Sie näher an ihn herantraten. Dieser schubste Sie deshalb weg und drehte sich zu seinen beiden Schwagern, die gerade die Gaststätte betraten, um. Sie setzten Ihrem Bekannten nach, wobei Sie das geöffnete Messer in der rechten Hand hielten. Ein Schwager Ihres Bekannten sah dies und schlug nach Ihnen. Sie ließen daraufhin von Ihrem Bekannten ab und wandten sich dem Schwager zu, der zur Abwehr eines etwaigen Angriffs einen Barhocker leicht anhob. Sie äußerten in diesem Zusammenhang: „Mich packt keiner an, den bringe ich um!“ Zum Schwager Ihres Bekannten sagten Sie: „Du kommst hier nicht lebend heraus!“ Zu einer Auseinandersetzung zwischen Ihnen und dem Schwager Ihres Bekannten kam es jedoch zunächst nicht, weil sich der ande-

re Schwager, mit dem Sie seit Ihrer Kindheit befreundet waren, sich zwischen sie stellte. Er ging auf Sie zu, um Sie zu beruhigen, was Sie auch erkannten. Er legte seine Hände auf Ihren Oberkörper und drängte Sie in Richtung Ausgang. Es gelang ihm, Sie bis zur Wand neben der Ausgangstür zu schieben. Dort blieben Sie beide zunächst stehen. Der andere Schwager, der von Ihrem Bekannten vor Ihrem Messer gewarnt wurde, das Sie immer noch in der Hand hielten, beruhigte diesen damit, dass er Sie gut kenne und Sie ihm sicher nichts tun werden. Sie zogen daraufhin Ihre rechte Hand mit dem Messer in der Absicht nach oben, den anderen Schwager Ihres Bekannten zu töten. Die Klinge drang zwischen der 11. und 12. Rippe in den Oberkörper des anderen Schwagers ein. Der Stich endete ca. 1 cm vor dem Herzbeutel.
Die Ihnen ca. zwei Stunden nach der Tat um 01:56 Uhr abgenommene Blutprobe wies eine Blutalkoholkonzentration von 1,61 ‰ auf, was nach Ansicht des Gerichts zu einer Blutalkoholkonzentration zum Tatzeitpunkt gegen 23:40 Uhr von höchstens 2,3 ‰ entsprach.
In der Urteilsbegründung führte das Gericht aus, dass die von Ihnen konsumierte Alkoholmenge nicht zur Verminderung der Schuldfähigkeit führe, da Sie Alkohol gewohnt seien, als Alkoholiker ständig einen gewissen Alkoholspiegel hielten und vor der Tat keinerlei Ausfallerscheinungen zeigten. Berücksichtigt hat das Gericht ebenfalls Ihre leicht reizbare Persönlichkeit. Nach Darlegung eines Sachverständigen führte diese im Zusammenhang mit dem genossenen Alkohol dazu, dass Sie zwar noch in der Lage waren, das Unrecht Ihres Tuns einzusehen, Ihr Hemmungsvermögen sei jedoch so erheblich vermindert, dass Sie nicht mehr nach dieser Einsicht handeln konnten.

11. Am 28.11.2016 betraten Sie kurz vor 01:00 Uhr die Gaststätte „Drecksloch" in Köln-Mülheim und bestellten bei der Wirtin ein Glas Weinbrand-Cola. Die Wirtin weigerte sich jedoch, Ihnen etwas auszuschenken, weil Sie augenscheinlich bereits stark angetrunken waren. Nach Ansicht des Gerichts war Ihre Blutalkoholkonzentration zu diesem Zeitpunkt mit 2,33 ‰ anzunehmen. Die Weigerung der Wirtin nahmen Sie scheinbar hin und wandten sich dem Ausgang der Gaststätte zu. Auf dem Weg dorthin kamen Sie jedoch an einem Gast vorbei und schlugen diesem völlig unmotiviert mit der Faust ins Gesicht, sodass dieser eine Platzwunde unter dem rechten Auge davontrug.

Am 20.04.2021 informierte ich Sie über das hier anhängige Verfahren und gab Ihnen gem. § 28 des Verwaltungsverfahrensgesetzes für das Land Nordrhein-Westfalen (VwVfG) Gelegenheit, sich zum Sachverhalt und den beabsichtigten Maßnahmen zu äußern. Ebenfalls erhielten die Industrie- und Handelskammer und die Handwerkskammer Gelegenheit zur Stellungnahme nach § 35 Abs. 4 der Gewerbeordnung (GewO).

Von Ihrem Äußerungsrecht haben Sie keinen Gebrauch gemacht, die Handwerkskammer erhob aufgrund der negativen Feststellungen keine Bedenken gegen die Durchführung des Gewerbeuntersagungsverfahrens.

Nach § 35 Abs. 1 GewO ist die Ausübung eines Gewerbes zu untersagen, wenn Tatsachen vorliegen, die die Unzuverlässigkeit des Gewerbetreibenden in Bezug auf dieses Gewerbe dartun. Die Untersagung muss zum Schutz der Allgemeinheit erforderlich sein.

Ein Gewerbetreibender ist dann unzuverlässig, wenn er nach dem Gesamtbild seines Verhaltens nicht die Gewähr dafür bietet, dass er in Zukunft sein Gewerbe entsprechend dem geltenden Recht ausüben wird.

Diese gewerberechtliche Unzuverlässigkeit ist bei Ihnen gegeben, denn die meiner Verfügung zugrunde liegenden Tatsachen lassen erkennen, dass Sie die im öffentlichen Interesse zu fordernde einwandfreie Führung Ihres Gewerbes nicht gewährleisten können.

Ihr bisheriges Verhalten zeigt, dass Sie bislang gesetzliche Bestimmungen, insbesondere die Strafgesetze, beharrlich ignorierten und auch nicht durch mehrere Verurteilungen, die teilweise mehrjährige Haftstrafen ausgesprochen haben, zu einer Veränderung Ihres Verhaltens, d. h. Beachtung der geltenden Vorschriften, bewegt werden konnten.

Auch wird durch die oben dargelegten Tatsachen deutlich, dass bereits ganz alltägliche, von der Mehrheit der Bevölkerung als normal bewertete Äußerungen bzw. Sachverhalte von Ihnen als Konfliktsituation gewertet werden und die Bereitschaft auslösen, diese angeblichen Konflikte mit Gewalt lösen zu wollen. In Ihren Überreaktionen sind Sie nicht mehr in der Lage, entsprechend einer beim Durchschnittsbürger vorhandenen Einsichtsfähigkeit zu handeln und gehen überaus brutal und rücksichtslos vor. So lassen Sie Ihre unverständlichen Wutausbrüche notfalls auch an unschuldigen Personen, die mit dem Geschehen nichts zu tun haben, aus, und schrecken auch vor Handlungen, die Verletzungen zur Folge haben, die zum Tod führen können, nicht zurück.

Von großer Bedeutung ist in diesem Zusammenhang auch die Feststellung des Amtsgerichts Köln bezüglich Ihres Alkoholkonsums. Das Gericht hat dargelegt, dass Sie das Stadium der bloßen Alkoholgewöhnung bereits überschritten haben und als Alkoholiker ständig unter Alkoholeinfluss stehen.

Im Interesse der Allgemeinheit muss daher verhindert werden, dass die aufgrund Ihrer intensiven Kontaktmöglichkeiten zu Kunden bestehende und wegen Ihrer leicht reizbaren Persönlichkeit – verbunden mit einer weiteren Absenkung der schon niedrigen Hemmschwelle infolge regelmäßigen und übermäßigen Alkoholgenusses – nicht auszuschließende Gefahr von Gewaltanwendungen im Rahmen einer evtl. Meinungsverschiedenheit im Zusammenhang mit Ihrer Gewerbeausübung fortbesteht.

Ferner begründet Ihr Alkoholismus gerade auch im Hinblick auf das von Ihnen ausgeübte Gewerbe „Gerüstbauer“ ein erhebliches Sicherheitsrisiko wegen nicht auszuschließender unsachgemäßer Errichtung von Gerüsten.

Zu berücksichtigen war aber auch, dass Sie im Rahmen Ihrer Gewerbeausübung mit dem Eigentum anderer in Berührung kommen können. Ihr Vorleben und die in Ihrer Jugendzeit begangenen Diebstahlsdelikte zeigen jedoch, dass bei Ihnen eine gewisse Bereitschaft vorhanden ist, sich am Eigentum Dritter zu bereichern. Dabei schrecken Sie auch nicht davor zurück, Sachen durch Einbruch zu beschädigen.

Die geschilderten negativen Erkenntnisse erfordern zum Schutz der Allgemeinheit die Gewerbeuntersagung. Unter Berücksichtigung Ihres bisherigen Verhaltens, das eine große kriminelle Energie erkennen lässt, ist auch für die Zukunft keine Änderung zu erwarten. Die Untersagung der weiteren Gewerbeausübung war daher unumgänglich.

Die Gewerbeuntersagung war aber auch im ausgesprochenen Umfang erforderlich.

Gem. § 35 Abs. 1 Satz 2 GewO kann die Gewerbeuntersagung auch für einzelne andere oder für alle Gewerbe ausgesprochen werden, sofern die vorliegenden Tatsachen die Annahme rechtfertigen, dass der Gewerbetreibende auch für diese Gewerbe als unzuverlässig anzusehen ist. Die festgestellten negativen Tatsachen begründen Ihre Unzuverlässigkeit nicht nur für ein bestimmtes Gewerbe, sondern sind gewerbeübergreifend und kennzeichnen Ihre grundsätzliche Einstellung zur Erfüllung Ihrer Pflichten als Gewerbetreibender, unabhängig von der Art des Gewerbes.

Daher ist auch zu verhindern, dass Sie sich in anderen Gewerben betätigen und dadurch die Allgemeinheit erneut schädigen. Eine nur auf das derzeit konkret angemeldete Gewerbe beschränkte Gewerbeuntersagung wäre nicht geeignet, die von einer Gewerbeausübung durch Sie ausgehende Gefährdung zu unterbinden.

Ihr Bestreben, eine wie auch immer geartete selbstständige Tätigkeit auszuüben, dürfte dadurch bestimmt werden, dass Sie wegen Ihrer erheblichen strafrechtlichen Vorbelastung einerseits sowie Ihrer Persönlichkeitsstruktur andererseits nur schwerlich eine abhängige Arbeitnehmertätigkeit erhalten könnten und falls dies doch der Fall wäre, dieser jedenfalls kaum dauerhaft nachgehen dürften. Allerdings kann dieser für Sie ungünstige Umstand nicht dazu führen, auf eine generelle Gewerbeuntersagung zu verzichten.

Nach § 35 Abs. 1 Satz 2 GewO kann die Untersagung auch auf die Tätigkeiten als Vertretungsberechtigter eines Gewerbetreibenden oder als mit der Leitung eines Gewerbebetriebes beauftragte Person erweitert werden.

Durch diese Ausdehnung der gegen Sie gerichteten Gewerbeuntersagung soll verhindert werden, dass Sie sich in diesen bzw. durch das Ausweichen auf solche Funktionen im Ergebnis weiter betätigen und dadurch das Ziel der Gewerbeuntersagung infrage gestellt wird.

Die im Hinblick auf die erweiterte Gewerbeuntersagung notwendige Interessensabwägung musste unter Berücksichtigung aller Umstände und im Hinblick auf den Schutzzweck des § 35 Abs. 1 GewO zu Ihren Ungunsten ausfallen.

Das Zwangsmittel des unmittelbaren Zwangs wurde nach §§ 55 Abs. 1, 57, 62 und 63 des Verwaltungsvollstreckungsgesetzes für das Land Nordrhein-Westfalen (VwVG) für den Fall angedroht, dass Sie Ihrer Pflicht zur Gewerbeeinstellung nicht nachkommen oder zu einem späteren Zeitpunkt erneut eine von dieser Gewerbeuntersagung erfasste Gewerbetätigkeit aufnehmen sollten, und wurde ausgewählt, weil andere Zwangsmittel nicht geeignet sind, einen Verstoß gegen diese Gewerbeuntersagung sofort zu unterbinden.

Das angedrohte Zwangsmittel des unmittelbaren Zwangs umfasst alle Maßnahmen, die notwendig sind, um eine Gewerbeausübung entgegen der Gewerbeuntersagung ggf. zwangsweise zu unterbinden. Entsprechende Maßnahmen können alleine oder, wenn es sich als zweckmäßig erweisen sollte, in Verbindung miteinander angewandt werden. Die Anwendung setzt voraus, dass gewerblich genutzte Räume oder Sachen vorhanden sind.

Als Maßnahmen des unmittelbaren Zwanges kommen in Betracht:

- die Schließung und die Versiegelung genutzter Betriebsräume,
- die Stilllegung und die Versiegelung genutzter Kraftfahrzeuge,
- die Stilllegung und die Versiegelung genutzter Arbeitsgeräte sowie
- die Wegnahme von Arbeitsmaterial, Arbeitsgerät und Arbeitsunterlagen.

Bei der ggf. erforderlichen Anwendung kommt es auf die Eigentumsverhältnisse nicht an.

Vollziehbar ist diese Ordnungsverfügung durch die ausdrückliche Vollziehungsanordnung gem. § 80 Abs. 2 Satz 1 Nr. 4 der Verwaltungsgerichtsordnung (VwGO) mit der Zustellung.

Für den Fall, dass Sie in Zukunft eine untersagte Tätigkeit als Vertretungsberechtigter eines Gewerbetreibenden oder als mit der Leitung eines Betriebes beauftragte Person aufnehmen sollten, habe ich ein Zwangsgeld nach §§ 55 Abs. 1, 57, 60, 61 und 63 VwVG angedroht.

Das Zwangsgeld ist in diesem Zusammenhang das mildeste denkbare Zwangsmittel, andere Sie weniger belastende Zwangsmittel stehen nicht zur Verfügung.

Bei der Bemessung der Zwangsgeldhöhe wurde davon ausgegangen, dass nur ein entsprechend hoher Geldbetrag geeignet sein wird, Sie zur Erfüllung der mit dieser Ordnungsverfügung verbundenen Verpflichtung zu veranlassen. Der festgelegte Betrag ist hierfür ausreichend, aber auch notwendig.

Die sofortige Vollziehung nach § 80 Abs. 2 Satz 1 Nr. 4 VwGO ist anzuordnen, wenn ein überwiegend öffentliches Interesse daran besteht, dass eine Maßnahme in kürzester Zeit durchgeführt wird. Durch die Anordnung der sofortigen Vollziehung hat eine evtl. von Ihnen erhobene Klage keine aufschiebende Wirkung, d. h. dass die Klage den Vollzug dieser Verfügung nicht verhindert.

Die Anordnung der sofortigen Vollziehung war erforderlich, weil durch Ihr bisheriges unberechenbares Verhalten und der damit verbundenen Missachtung von Vorschriften die Allgemeinheit durch Ihre Gewerbeausübung in einem nicht mehr zu vertretendem Maße gefährdet wird und aufgrund der oben geschilderten Tatschen nicht von einer positiven Änderung Ihres gesetzeswidrigen Verhaltens ausgegangen werden kann.

Ohne die Anordnung der sofortigen Vollziehung können Sie unter Umständen noch über Jahre hinweg mit den vorgenannten negativen Auswirkungen tätig sein. Eine schnellstmögliche Unterbindung Ihres Handelns war daher unbedingt notwendig und geboten. Bei der insoweit vorzunehmenden Interessensabwägung überwog daher das besondere öffentliche Interesse an den getroffenen Maßnahmen gegenüber Ihrem privaten Interesse an einer Betriebsfortsetzung bis zur rechtskräftigen Entscheidung über die Rechtmäßigkeit meiner Maßnahme.

Die Anordnung der sofortigen Vollziehung ist auch für die auf § 35 Abs. 1 Satz 2 GewO gestützte Ausdehnung erforderlich. Denn nur damit kann kurzfristig unterbunden werden, dass Sie durch Manipulation mit Gewerbe- und/oder Funktionsbezeichnungen den Schutz der Gewerbeuntersagung unterlaufen und in eine nicht unter Anordnung der sofortigen Vollziehung untersagte selbstständige Gewerbetätigkeit oder vergleichbare unselbstständige Tätigkeit ausweichen. Dies aber wäre bei einer nur auf die derzeit konkrete Gewerbetätigkeit beschränkte Vollziehungsanordnung nicht nur möglich, sondern ebenso zu befürchten wie eine Fortsetzung Ihres bisherigen negativen Verhaltens und der daraus resultierenden erheblichen Nachteile zulasten der Allgemeinheit.

Ich mache Sie darauf aufmerksam, dass die Nichtbefolgung einer unanfechtbaren oder für vollziehbar erklärten Untersagung gem. § 146 Abs. 1 Nr. 1 GewO eine Ordnungswidrigkeit darstellt, die nach § 146 Abs. 3 GewO im Einzelfall mit einer Geldbuße von bis zu 5.000,– EUR geahndet werden kann und bei beharrlicher Wiederholung eine Straftat ist, die nach § 148 Abs. 1 GewO mit Freiheitsstrafe bis zu einem Jahr oder mit Geldstrafe bedroht ist. Der Verwirklichung und Verfolgung der vorgenannten Tatbestände steht auch die bloße Stellung eines Antrages nach § 80 Abs. 4 oder Abs. 5 VwGO nicht entgegen.

Abschließend weise ich darauf hin, dass Sie nach § 14 GewO verpflichtet sind, die Einstellung der Gewerbeausübung anzuzeigen.

Rechtsbehelfsbelehrung:

Gegen diese Verfügung kann innerhalb eines Monats nach Zustellung Klage beim Verwaltungsgericht Köln eingelegt werden.

Zusätzliche Hinweise:

Die Klage kann schriftlich, zur Niederschrift des Urkundsbeamten der Geschäftsstelle oder in elektronischer Form eingereicht werden.

Die Anschrift des Verwaltungsgerichts Köln lautet Appellhofplatz, 50667 Köln.

Hochachtungsvoll
Im Auftrag

Pingelig

ANHANG 8

Beispiel für die Festsetzung unmittelbaren Zwangs

STADT KÖLN
Die Oberbürgermeisterin
Willy-Brandt-Platz 3
50679 Köln

Amt
Amt für öffentliche Ordnung
Auskunft erteilt **Zimmer**
Herr Pingelig 8
Telefon
0221/211-12345

Herrn
Ludwig Leiter
Sprossenstr. 13

51063 Köln

Datum
05. Juli 2021
Aktenzeichen
32-321/23-57/21

Z w a n g s m i t t e l f e s t s e t z u n g

Ihre Gewerbeausübung

Sehr geehrter Herr Leiter,

das mit meiner Ordnungsverfügung vom 28.05.2021 angedrohte Zwangsmittel des unmittelbaren Zwangs in Form der zwangsweisen Schließung und Versiegelung Ihrer Betriebsräume in der Holmenstr. 71, 51063 Köln, setze ich hiermit fest.

Begründung:

Mit Ordnungsverfügung vom 28.05.2021, die am 01.06.2021 ordnungsgemäß mit Zustellungsurkunde zugestellt wurde, untersagte ich Ihnen gem. § 35 Abs. 1 der Gewerbeordnung (GewO) die Ausübung des Gewerbes Gerüstbauer sowie jede weitere Gewerbeausübung. Für den Fall der Zuwiderhandlung drohte ich Ihnen die Anwendung unmittelbaren Zwangs an.

Die Verfügung ist seit dem 02.07.2021 unanfechtbar.

Bei einer Kontrolle Ihres Gewerbebetriebes am heutigen Tage stellte ich fest, dass Sie die Gewerbeausübung fortsetzen.

Da Sie entgegen der unanfechtbaren und damit vollziehbaren Gewerbeuntersagung weiter tätig und demnach zur freiwilligen Betriebseinstellung nicht bereit sind, ist die zwangsweise Durchsetzung meiner Entscheidung im Wege des unmittelbaren Zwangs erforderlich. Das angedrohte Zwangsmittel ist daher nach § 64 des Verwaltungsvollstreckungsgesetzes für das Land Nordrhein-Westfalen (VwVG) festzusetzen.

Rechtsbehelfsbelehrung:

Gegen diesen Bescheid können Sie innerhalb eines Monats nach Bekanntgabe Klage beim Verwaltungsgericht Köln erheben.

Zusätzlich Hinweise:

Die Klage kann schriftlich, zur Niederschrift des Urkundsbeamten der Geschäftsstelle oder in elektronischer Form eingereicht werden.

Die Anschrift des Verwaltungsgerichts Köln lautet Appellhofplatz, 50667 Köln.

Hochachtungsvoll
Im Auftrag

Pingelig

ANHANG 9

Beispiel für eine Ordnungsverfügung in Form der Allgemeinverfügung

Allgemeinverfügung zur Einschränkung der Wasserentnahme aus oberirdischen Gewässern

Aufgrund § 21 des Wassergesetzes für das Land Nordrhein-Westfalen (Landeswassergesetz – LWG) erlasse ich nachfolgende Allgemeinverfügung:

1. Auf dem Gebiet der Stadt Köln wird jegliche Entnahme von Wasser aus Fließgewässern (Bächen), die den wasserrechtlichen Vorschriften unterliegen, untersagt.
2. Diese Allgemeinverfügung gilt am Tag nach der ortsüblichen Bekanntmachung als bekanntgegeben und gilt bis einschließlich 31. Oktober 2022. Eine Verlängerung des Zeitraums ist bei weiterer Fortdauer der extremen Trockenheit möglich.
3. Die sofortige Vollziehung dieser Allgemeinverfügung wird angeordnet.

Begründung:

Bereits in den Sommermonaten der vorangegangenen Jahre 2018, 2019 und 2020 herrschte aufgrund ausbleibender bzw. geringfügiger Niederschlägen eine langanhaltende Trockenheit. Die aktuelle Situation der Fließgewässer wird aufgrund der äußerst geringen Niederschläge im Frühjahr 2022 weiterhin verschärft. Die meisten Gewässer auf dem Gebiet der Stadt Köln führen nur noch wenig bzw. kein Wasser mehr und drohen, wie der Frankenforstbach, trocken zu fallen. Dies gilt insbesondere für den Flehbach, den Selbach, den Wasserbach und den Kurtenwaldbach. Aufgrund ständiger Beobachtungen und Kontrollen der Gewässer der zuständigen Stellen ist eine verminderte Wasserführung bei den übrigen Gewässern wie Strunde und Kemperbach bereits feststellbar. Mit einer Entspannung der Situation ist – auch unter Berücksichtigung möglicher kurzzeitiger lokaler Niederschläge – nicht zu rechnen. Auf der Nordhalbkugel sind wieder extreme Temperaturen und fehlende Niederschläge zu verzeichnen.

Aufgrund der geringen Wasserstände werden die Gewässer sowie die im und am Wasser lebenden Organismen und Pflanzen nachhaltig gestört. Das Abpumpen bzw. die Entnahme von Wasser aus oberirdischen Gewässern verstärkt die Beeinträchtigung erheblich. Ungeregelte, unbeschränkte und vielfache Entnahmen von Wasser bedrohen dabei nicht nur die Tier- und Pflanzenwelt in den Gewässern, sondern gefährden auch die notwendige natürliche Selbstreinigung der Gewässer. Bedingt durch die niedrigen Wasserstände sinkt die Sauerstoffzufuhr, während die Wassertemperatur steigt. Dies führt zu einer massiven Störung der Gewässerökologie und des Wasserhaushaltes sowie zu einer nachhaltigen und weitreichenden Schädigung der Lebensräume der aquatischen Tiere und der Pflanzen.

Grundsätzlich dürfen Eigentümer von Gewässergrundstücken und Anlieger gem. § 26 Abs. 1 und 2 des Gesetzes zur Ordnung des Wasserhaushaltes (Wasserhaushaltsgesetz – WHG) Wasser für den eigenen Bedarf nach § 19 Abs. 1 LWG per Handschöpfung aus oberirdischen Gewässern entnehmen, wenn dadurch andere nicht beeinträchtigt werden und keine nachteilige Veränderung der Wasserbeschaffenheit, keine wesentliche Verminderung der Wasserführung sowie keine andere Beeinträchtigung des Wasserhaushalts zu erwarten sind.

Abweichend von § 26 WHG kann ich als zuständige Behörde nach § 21 LWG den Eigentümer- und Anliegergebrauch beschränken, um zu verhindern, dass andere beeinträchtigt werden, schädliche Gewässerveränderungen zu besorgen sind oder die Leistungsfähigkeit des Naturhaushalts erheblich oder nachteilig beeinträchtigt wird. Hiervon wird aus Gründen des Wohls der Allgemeinheit, insbesondere der Ordnung des Wasserhaushalts und des Schutzes der Natur, Gebrauch gemacht.

Die Untersagung der Entnahme von Wasser aus den Fließgewässern ist verhältnismäßig.

Die Beschränkung des Eigentümer- und Anliegergebrauchs ist geeignet, um vorsorglich die Funktion des Wassers als Lebensgrundlage und gewässerökologische Belange in Bezug auf die im Wasser lebenden Organismen und Pflanzen in einem ausreichenden Lebensraum zu schützen und zu erhalten. Angesichts der extremen Wetterlage und der damit verbundenen akuten Gefährdung für die Gewässer ist die Allgemeinverfügung auch erforderlich. Andere mildere und gleich geeignete Mittel zum Erhalt der ökologischen, wassermengenmäßigen und wasserwirtschaftlichen Anforderungen sind nicht ersichtlich. Eine Pressemitteilung der zuständigen Stellen, in der die Bevölkerung über den Zustand der durch die Trockenheit beeinträchtigten Fließgewässer und zwangsläufig die in Mitleidenschaft gezogenen aquatischen Lebensräume informiert und insbesondere die Bachanlieger zum Verzicht der Wasserentnahme aufgerufen worden ist, reicht nicht aus, um den Schutz der Gewässer zu erreichen.

Im Rahmen der vorzunehmenden Interessensabwägung muss daher das Interesse der Anlieger und Eigentümer an einer erlaubnisfreien Benutzung eines Gewässers in Anbetracht der Bedrohungslage für die Lebensräume sowie die gesamte Ordnung des Wasserhaushalts der betroffenen Gewässer zurücktreten. Gemäß den allgemeinen Grundsätzen der Gewässerbewirtschaftung nach § 6 WHG sind die Gewässer nachhaltig zu bewirtschaften, u. a. mit dem Ziel, ihre Funktions- und Leistungsfähigkeit als Bestandteil des Naturhaushalts und als Lebensraum für Tiere und Pflanzen zu erhalten und zu verbessern, insbesondere durch Schutz vor nachteiligen Veränderungen von Gewässereigenschaften.

Vor diesem Hintergrund ist die Allgemeinverfügung auch insgesamt verhältnismäßig.

In Ausnahmefällen kann Inhabern von wasserrechtlichen Erlaubnissen, die zur Wasserentnahme oder -ableitung aus oberirdischen Gewässern berechtigen, auf Antrag eine widerrufliche Ausnahmegenehmigung nach fachlicher Prüfung erteilt werden. Damit sind die Interessen der Eigentümer von Gewässergrundstücken und der Anlieger angemessen berücksichtigt. Hierbei gilt im Sinne der gebotenen Mindestwasserführung gem. § 33 WHG zu berücksichtigen, dass das Aufstauen eines oberirdischen Gewässers oder das Entnehmen oder Ableiten von Wasser aus einem oberirdischen Gewässer nur zulässig ist, wenn die Abflussmenge erhalten bleibt.

Die sofortige Vollziehung der Allgemeinverfügung wird gem. § 80 Abs. 2 Satz 1 Nr. 4 der Verwaltungsgerichtsordnung (VwGO) angeordnet, da sie im öffentlichen Interesse liegt. Eine Klage gegen diese Allgemeinverfügung hat damit keine aufschiebende Wirkung. Ein begründetes öffentliches Interesse liegt vor, weil dem Vollzug der Verfügung gegenüber dem Interesse Einzelner nach Abwägung sämtlicher rechtlicher und sachlicher Gesichtspunkte Vorrang einzuräumen ist. Hierbei wurden alle betroffenen Rechtsgüter und Interessen, insbesondere die Interessen der Eigentümer und Anlieger, abgewogen. Dabei galt es zu berücksichtigen, dass durch weitere Wasserentnahmen bei den derzeitig vorherrschenden Wetterverhältnissen sich die Ordnung des Wasserhaushaltes drastisch verschlechtert, sodass durch weitere unkontrollierte Entnahmen der zur Aufrechterhaltung der wasserbiologischen Vorgänge erforderliche Mindestabfluss nicht mehr gewährleistet ist.

Nach Abwägung der betroffenen Belange muss dem öffentlichen Interesse an einer schnellstmöglichen Versagung der Wasserentnahme der Vorrang gegeben werden. Die Eilbedürftigkeit der Anordnung der sofortigen Vollziehung ergibt sich ferner insbesondere aus dem erforderlichen Schutz sehr hoher Rechtsgüter, welche auch in Bezug auf die natürlichen Lebensgrundlagen und dem Tierschutz in Artikel 20a des Grundgesetzes (GG) verankert sind.

Rechtsbehelfsbelehrung:

Gegen diese Allgemeinverfügung kann innerhalb eines Monats nach Bekanntgabe Klage vor dem Verwaltungsgericht Köln erhoben werden.

Zusätzlich Hinweise:

Die Klage kann schriftlich, zur Niederschrift des Urkundsbeamten der Geschäftsstelle oder in elektronischer Form eingereicht werden. Rückfragen sind unmittelbar an das Verwaltungsgericht Köln zu stellen.

Die Anschrift des Verwaltungsgerichts Köln lautet Appellhofplatz, 50667 Köln.

Die Einhaltung des Entnahmeverbotes wird überwacht. Auf die Bußgeldvorschriften des § 103 WHG wird hingewiesen. Verstöße können mit Bußgeldern von bis zu 50.000,– EUR geahndet werden.

Köln, den 01. Juli 2022

Im Auftrag
gez. Dr. Nass